Quick Guide

Reihe herausgegeben von
Springer Fachmedien Wiesbaden
Wiesbaden, Deutschland

Quick Guides liefern schnell erschließbares, kompaktes und umsetzungsorientiertes Wissen. Leser erhalten mit den Quick Guides verlässliche Fachinformationen, um mitreden, fundiert entscheiden und direkt handeln zu können.

Carola Kamuff

Quick Guide Managementpräsentationen

Wie Sie Präsentationen, Fireside Chats und Coffee Table Meetings professionell vorbereiten

Carola Kamuff
Carola Kamuff Kommunikation
Frankfurt am Main, Deutschland

ISSN 2662-9240 ISSN 2662-9259 (electronic)
Quick Guide
ISBN 978-3-658-47975-6 ISBN 978-3-658-47976-3 (eBook)
https://doi.org/10.1007/978-3-658-47976-3

Die Deutsche Nationalbibliothek verzeichnet diese Publikation in der Deutschen Nationalbibliografie; detaillierte bibliografische Daten sind im Internet über https://portal.dnb.de abrufbar.

© Der/die Herausgeber bzw. der/die Autor(en), exklusiv lizenziert an Springer Fachmedien Wiesbaden GmbH, ein Teil von Springer Nature 2025

Das Werk einschließlich aller seiner Teile ist urheberrechtlich geschützt. Jede Verwertung, die nicht ausdrücklich vom Urheberrechtsgesetz zugelassen ist, bedarf der vorherigen Zustimmung des Verlags. Das gilt insbesondere für Vervielfältigungen, Bearbeitungen, Übersetzungen, Mikroverfilmungen und die Einspeicherung und Verarbeitung in elektronischen Systemen.
Die Wiedergabe von allgemein beschreibenden Bezeichnungen, Marken, Unternehmensnamen etc. in diesem Werk bedeutet nicht, dass diese frei durch jede Person benutzt werden dürfen. Die Berechtigung zur Benutzung unterliegt, auch ohne gesonderten Hinweis hierzu, den Regeln des Markenrechts. Die Rechte des/der jeweiligen Zeicheninhaber*in sind zu beachten.
Der Verlag, die Autor*innen und die Herausgeber*innen gehen davon aus, dass die Angaben und Informationen in diesem Werk zum Zeitpunkt der Veröffentlichung vollständig und korrekt sind. Weder der Verlag noch die Autor*innen oder die Herausgeber*innen übernehmen, ausdrücklich oder implizit, Gewähr für den Inhalt des Werkes, etwaige Fehler oder Äußerungen. Der Verlag bleibt im Hinblick auf geografische Zuordnungen und Gebietsbezeichnungen in veröffentlichten Karten und Institutionsadressen neutral.

Planung/Lektorat: Laura Spezzano
Springer Gabler ist ein Imprint der eingetragenen Gesellschaft Springer Fachmedien Wiesbaden GmbH und ist ein Teil von Springer Nature.
Die Anschrift der Gesellschaft ist: Abraham-Lincoln-Str. 46, 65189 Wiesbaden, Germany

Wenn Sie dieses Produkt entsorgen, geben Sie das Papier bitte zum Recycling.

Inhaltsverzeichnis

1	Was ist eine Managementpräsentation?	1
2	**Der Kontext: Die Präsentationen im Projektablauf**	5
	Den Überblick über einen M&A-Prozess haben	6
	Der idealtypische Ablauf eines Auktionsprozesses	7
	Den Ablauf der Investorenmeetings kennen	10
3	**Die Präsentationsunterlage: Vom Konzept zur Präsentation**	15
	Das Ziel definieren	16
	Die Equity Story entwickeln	16
	Wachstumsperspektiven überzeugend darstellen	18
	Die Präsentation strukturieren	21
	Die Folien zusammenstellen	23
	Aussagekräftige Folientitel formulieren	24
	Andere von den eigenen Entscheidungen überzeugen	25
	Referenzen nutzen	27
	Herausforderungen und Risiken ansprechen	28
	Den Text der Schlussfolie verfassen	31

Die Präsentation gemeinsam erstellen	31
Auf Verständlichkeit achten	32
Folien gestalten	33

4 Die richtige Vorbereitung für den perfekten Auftritt   35

Den Präsentationsraum gestalten	36
Atmosphäre bei Online-Präsentationen schaffen	37
Stehend oder sitzend präsentieren	40
Auf dem Bildschirm gut sichtbar sein	41
Auf ein Rednerpult verzichten	43
Die Sitzordnung festlegen	44
Den Präsentationslaptop platzieren	45
Die Beleuchtung anpassen	45
Passende Kleidung wählen	46
Den richtigen Probenort finden	47
Den Probenzeitpunkt bestimmen	48
Einen Dry Run durchführen	49
Feedback geben	51
Einen Technikcheck machen	52
Handouts parat haben	53
Wissen, wer kommt	53

5 Das A und O, Anfang und Ende der Präsentation   55

Die Investoren begrüßen	56
Online Smalltalk machen	57
Sich vorstellen	58
Fragen an die Investoren stellen	59
Mit der Präsentation beginnen	61
Zwischenfragen zulassen	63
Die Präsentation beenden	64

6 Die Kunst, Inhalte überzeugend zu vermitteln   67

Geschichten erzählen	68
Hinter den eigenen Worten stehen	69
Weniger spannende Themen präsentieren	70
Balance zwischen Enthusiasmus und Realismus finden	72

Selbstsabotage vermeiden	73
Zahlen präsentieren	75
Probleme ansprechen	77
Auf Englisch präsentieren	78

7 Körpersprache als Werkzeug für Souveränität — 81
Körpersprache verstehen und verändern	82
Den Körper aufrecht halten	83
Sicher stehen	84
Einen Standpunkt einnehmen	85
Sich im Raum bewegen	85
Im Sitzen Haltung bewahren	86
Gestik einsetzen	87
Online-Gestik einsetzen	88
Die Handhaltung kontrollieren	89
Mimik zeigen	90
Blickkontakt aufnehmen	91
Online Blickkontakt aufnehmen	92
Lächeln	94
Authentisch bleiben	96
Notizen nur nach Regeln verwenden	97

8 Mit Stimme und Sprache fesseln — 99
Die Stimme modulieren	100
Auf die Betonung achten	101
Fülllaute und Füllwörter vermeiden	102
Pausen machen	103

9 Emotional und unterhaltsam präsentieren — 105
Klar und verständlich sprechen	106
Floskeln weglassen	107
Folienübergänge gestalten	108
Rhetorische Fragen stellen	109
Ein Flipchart oder Smartboard verwenden	110
Dinge zeigen	111

10	**Unter Druck souverän bleiben**	**115**
	Mit eigener Unwissenheit umgehen	116
	Fiese Fragen nicht fürchten	118
	Nervosität anerkennen	119
	Trotz Nervosität souverän bleiben	119
	Stress und Panik vermeiden	120
11	**Der Auftritt im Team und Q&A**	**125**
	Als Team auftreten	126
	Im Q&A bestehen	128

Über die Autorin

Carola Kamuff Seit 2007 unterstützt Carola Kamuff als selbstständige Trainerin Unternehmen und Managementteams bei der Vorbereitung von Managementpräsentationen und anderen wichtigen Auftritten. Carola Kamuff verbindet mehr als elf Jahre Erfahrung in der M&A-Beratung bei Drueker & Co. (heute Houlihan Lokey) mit umfassender Expertise als Trainerin und Dozentin. Am House of Finance der Goethe-Universität in Frankfurt vermittelte sie im Modul „Introduction to M&A" praxisnahe Einblicke in komplexe Unternehmensverkäufe. Ihre Zertifizierung als Kommunikations- und Verhaltenstrainerin (dvct) und ihre Ausbildung im NLP ergänzen ihren soliden analytischen Hintergrund als Diplom-Mathematikerin. Disziplin und Struktur prägen nicht nur ihre Arbeit, sondern auch ihre sportliche Leidenschaft – sie trägt den 5. Dan im Shotokan-Karate.

1

Was ist eine Managementpräsentation?

Was ist überhaupt eine Managementpräsentation?
Der Verkauf eines Unternehmens ist kein Selbstläufer. Steht ein Unternehmen zum Verkauf, wird oft eine Investmentbank oder ein M&A-Berater beauftragt, den Verkaufsprozess zu leiten. Sie identifizieren potenzielle Käufer und stellen ihnen Informationen über das Unternehmen zur Verfügung – meist in Form eines dicken, detaillierten Informationsmemorandums (kurz: Infomemo). Auf dieser Grundlage bekunden die Investoren ihr Interesse, oft mit einem unverbindlichen Angebot.

Vom Infomemo zum persönlichen Treffen
In dieser Phase erhalten ausgewählte Interessenten die Gelegenheit, das Management kennenzulernen – in der so genannten Managementpräsentation. Die Managementpräsentation ist eine ausführliche Vorstellung des Unternehmens mit seinem Marktumfeld, Geschäftsmodell, Produkten, etc. durch das Management.

Die „kleine Schwester": Fireside Chats und Coffee Table Meetings
Neben der klassischen Managementpräsentation gibt es auch informellere Varianten: Fireside Chats und Coffee Table Meetings – zwei Begriffe für

© Der/die Autor(en), exklusiv lizenziert an Springer Fachmedien Wiesbaden GmbH, ein Teil von Springer Nature 2025
C. Kamuff, *Quick Guide Managementpräsentationen*, Quick Guide,
https://doi.org/10.1007/978-3-658-47976-3_1

dieselbe Sache. Diese kürzeren, lockeren Gespräche finden in einigen M&A-Prozessen statt, vor oder kurz nach dem Versand des Infomemos. Hier haben ausgewählte Investoren die Gelegenheit, ein oder zwei Top-Managerinnen oder -Manager zu treffen und sich persönlich oder online einen ersten Eindruck zu verschaffen.

Ein kritischer Meilenstein im M&A-Prozess
Die Managementpräsentation ist, wie auch ein Fireside Chat oder Coffee Table Meeting, ein kritischer Meilenstein im M&A-Prozess. Warum? Bis zu diesem Zeitpunkt haben die Investoren lediglich theoretische Informationen über das Unternehmen gesammelt. Jetzt kommt der Reality Check: die Prüfung, ob die Realität dem Stand hält.

Die Investoren wollen wissen: Trauen sie dem Management zu, die Strategie umzusetzen und die Planzahlen zu erreichen? Je nachdem, wie die Präsentationen verlaufen und wie sich das Management präsentiert, sind sie „Werttreiber" oder „Wertvernichter" oder gar „Show-Stopper". Die Präsentationen haben somit direkten Einfluss auf den weiteren Verlauf und den Erfolg der Transaktion.

Der Leitfaden für die perfekte Präsentation
Genau hier kommt dieses Buch ins Spiel. Es ist der Leitfaden für die erfolgreiche Managementpräsentation.

Das Buch beantwortet alle Fragen rund um die professionelle und überzeugende Präsentation. Es beginnt bei der Erstellung der Präsentationsunterlage, führt über die gründliche Vorbereitung und den souveränen Auftritt bis hin zur erfolgreichen Durchführung der Q&A-Runde. Es behandelt wichtige Themen wie inhaltliche Struktur, Körpersprache, Umgang mit Fragen und Tipps für die Interaktion mit den Investoren.

Viele der hier beschriebenen Techniken und Methoden sind universell einsetzbar und können auch in anderen Präsentationssituationen wertvolle Dienste leisten. Ob Sie vor einem Investorenpublikum sprechen, eine wichtige Präsentation vor Banken oder vor Kunden halten oder Ihr Team von einer neuen Idee überzeugen möchten – die Prinzipien bleiben die gleichen. Der Fokus dieses Buches bleibt jedoch auf der besonderen Herausforderung von Managementpräsentationen: Investoren zu überzeugen, ihr Vertrauen zu gewinnen und den Grundstein für eine erfolgreiche Transaktion zu legen.

Ihr Schlüssel zum Erfolg
Lesen Sie dieses Buch von vorn bis hinten oder nutzen Sie es als Nachschlagewerk, um sich gezielt auf einzelne Themen vorzubereiten – ganz nach Bedarf, Lust und Laune. Wie auch immer Sie vorgehen: Dieses Buch ist Ihr Begleiter, um Managementpräsentationen erfolgreich zu meistern und Ihr Unternehmen optimal zu präsentieren.

2

Der Kontext: Die Präsentationen im Projektablauf

> **Was Sie aus diesem Kapitel mitnehmen**
> - Wie ein Unternehmensverkauf typischerweise abläuft und welche Phasen es gibt
> - Welche Elemente neben der Managementpräsentation zu einem Investorenmeeting gehören
> - Wie sich Fireside Chats und Coffee Table Meetings von Managementpräsentationen unterscheiden

Wer noch nie mit einem Unternehmensverkauf zu tun hatte, kennt kaum die vielen Schritte vom Kick-off eines Projekts bis zur Unterzeichnung des Kaufvertrags.

Dieses Kapitel gibt Ihnen einen Überblick über den üblichen Ablauf von Unternehmensverkäufen im Auktionsverfahren (auch dazu gleich) und über den Ablauf von Investorengesprächen: Managementpräsentationen und Fireside Chats/Coffee Table Meetings.

Den Überblick über einen M&A-Prozess haben

Verkaufsprozesse – kennste einen, kennste alle?

Nicht ganz. So viel vorweg: Jeder Verkaufsprozess hat seinen eigenen Charme – und seine eigenen Herausforderungen. Natürlich gibt es einen idealtypischen Ablauf, der Orientierung bietet. Aber die Praxis? Die hält immer wieder Überraschungen bereit! Abweichungen ergeben sich aus den Spezifika des Unternehmens und der Marktsituation – sei es, weil besonders viel oder besonders wenig Interesse am Unternehmen zu erwarten ist, sei es, weil zeitliche Vorgaben des Verkäufers oder des Marktes Abweichungen erfordern, sei es, weil das Unternehmen gerade vor besonderen Herausforderungen steht, und vieles mehr.

Vom Verkaufswunsch zur konkreten Planung
Doch der Reihe nach: Ein Unternehmer, eine Unternehmerin oder ein Konzern beschließt, ein Unternehmen zu verkaufen.

Bilaterale Gespräche
Gibt es schon einen interessierten Käufer, mit dem sich der Verkäufer bilateral einigen möchte, läuft alles sehr direkt. Statt der typischen Managementpräsentationen werden Informationen direkt ausgetauscht und die Fragen des Käufers in Gesprächen mit dem Verkäufer und dem Management geklärt.

Warum Auktionsprozesse meistens mehr bringen
Um seine Ziele wie beispielsweise hoher Kaufpreis, Transaktionssicherheit, Fortbestand des Unternehmens bestmöglich zu erreichen, wird der Verkäufer in den meisten Fällen jedoch ein so genanntes Auktionsverfahren bevorzugen und dazu eine Investmentbank oder einen anderen M&A-Berater mit der Beratung beim Verkauf beauftragen. Ziel: möglichst viele Kaufinteressenten bis zum Schluss im Rennen halten, um im Wettbewerb das beste Ergebnis zu erzielen.

Und genau hier wird dieses Buch interessant! Denn wenn es ernst wird, spielen die Investorenpräsentationen eine große Rolle.

Der idealtypische Ablauf eines Auktionsprozesses

Ein Auktionsprozess dauert in der Regel etwa sechs Monate (oder länger, wenn es knifflig wird). Hier kommt der grobe Fahrplan für ein idealtypisches Projekt:

Beauftragung einer Investmentbank bzw. M&A-Beraters
Die Suche nach dem richtigen Berater ist der erste wichtige Schritt. Verkäufer schauen dabei auf Erfahrung, Branchennetzwerke und Verhandlungsstärke. Der Berater ist mehr als nur ein Vermittler – er plant, strukturiert und führt die gesamte Transaktion durch. Das Management arbeitet während des gesamten Prozesses eng mit dem Berater zusammen.

Analyse des Unternehmens und Marktes zur Vorbereitung der Verkaufsdokumentationen
Hier werden die Informationen über das Unternehmen aus der Käuferperspektive aufbereitet: Was ist besonders attraktiv? Welche Risiken müssen vorab erläutert oder entkräftet werden? Dazu stellt das Management detaillierte Finanzdaten, operative Informationen und strategische Planungen zur Verfügung. Daraus entwickelt der Berater die ersten Verkaufsdokumente: den Teaser und das Informationsmemorandum. Diese Dokumente sind der erste Eindruck, den Interessenten vom Unternehmen bekommen – hier zählen eine überzeugende Storyline und eine gute Argumentation.

Identifikation und Auswahl potenzieller Interessenten
Finanzinvestoren und Strategen werden nach ihrem Potenzial für eine erfolgreiche Transaktion ausgewählt.

Finanzinvestoren sind in der Regel Private-Equity-Gesellschaften oder ähnliche Institutionen, die Unternehmen kaufen, um deren Wert durch gezielte Maßnahmen zu steigern und sie später gewinnbringend weiterzuverkaufen, oft mit einem Fokus auf Rendite innerhalb eines bestimmten Zeitraums.

Strategen sind Unternehmen, die ein anderes Unternehmen kaufen, um ihre eigene Marktposition zu stärken, Synergien zu nutzen oder neue Geschäftsfelder zu erschließen, oft mit einem langfristigen Interesse an Integration und Wachstum.

Ansprache der ausgewählten potenziellen Interessenten mit dem „Teaser"
Der Teaser ist wie ein Profil auf einer Dating-Plattform: oft anonym und mit gerade genug Informationen, um Interesse zu wecken, aber nicht genug, um das ganze Bild zu offenbaren. Käufer erfahren, dass das Unternehmen zum Verkauf steht und warum es spannend sein könnte.

Versand des Informationsmemorandums
Hat ein Interessent nach dem Teaser angebissen und eine Vertraulichkeitserklärung (NDA) unterschrieben, erhält er das Informationsmemorandum, kurz „Infomemo". Dieses Dokument geht in die Tiefe: Strategie, Marktposition, Geschäftsmodell, Finanzen und Wachstumsperspektiven des Unternehmens werden detailliert dargestellt. Das Infomemo ist eine der zentralen Weichenstellungen im Prozess – hier entscheidet sich oft, ob ein Käufer weitermacht oder abspringt.

Fireside Chats oder Coffee Table Meetings
In manchen M&A-Prozessen werden alle oder einige Interessenten schon vor oder kurz nach dem Versand des Infomemos zu informellen Treffen eingeladen, noch bevor sie ein indikatives Angebot abgeben. In entspannter Atmosphäre können sich beide Seiten beschnuppern. Sie bieten der Verkäuferseite die Gelegenheit, potenzielle Käufer besser kennenzulernen und Vertrauen aufzubauen. Für das Management ist es eine Chance, die eigene Vision zu präsentieren und herauszufinden, welche Interessenten die Werte und Kultur des Unternehmens respektieren würden. Da zu diesem Zeitpunkt noch keine Auswahl getroffen wurde, können zwischen fünf und bis zu 20 Termine vereinbart werden, die häufig online stattfinden.

2 Der Kontext: Die Präsentationen im Projektablauf

Eingang der unverbindlichen Angebote
Jetzt wird es spannend: Die Interessenten geben ihre Angebote ab. Dabei zählt nicht nur der Preis. Die Verkäufer bewerten auch den strategischen Fit, die Finanzierungssicherheit und die Pläne für das Unternehmen. Ein gut durchdachtes Angebot zeigt, dass der mögliche Käufer die Stärken des Unternehmens erkennt und einen klaren Plan hat.

Auf Basis dieser Angebote werden die Interessenten ausgewählt, die in der nächsten Prozessphase das Management und das Unternehmen näher kennenlernen dürfen. Die Anzahl der eingeladenen Kaufinteressenten liegt je nach Projekt häufig zwischen drei und maximal zehn.

Managementpräsentationen, Betriebsbesichtigung und Due Diligence
Managementpräsentationen sind ein wichtiger Meilenstein: Das Management tritt ins Rampenlicht. Es muss das Unternehmen überzeugend präsentieren und gleichzeitig auf mögliche schwierige Fragen vorbereitet sein.

Auch Betriebsbesichtigungen stehen auf dem Programm, bei denen die Investoren einen Einblick in die Produktions- oder Geschäftsräume gewinnen können. Das ist immer eine Gratwanderung, denn man will genug zeigen, ohne sensible Bereiche zu gefährden.

Die Due Diligence ist eine gründliche Prüfung des Unternehmens durch potenzielle Käufer, bei der alle relevanten Aspekte wie Finanzen, rechtliche Risiken, Verträge, Marktposition und betriebliche Abläufe analysiert werden, um Chancen und Risiken des Kaufs genau einschätzen zu können. Die Due Diligence erfordert vom Management im Vorfeld die Bereitstellung umfangreicher Unterlagen sowie die Bereitschaft, auf Nachfragen schnell und präzise zu reagieren. Spätestens zu diesem Zeitpunkt holen die Interessenten auch weitere Berater an Bord: Rechtsanwälte, Wirtschaftsprüfer, Steuerberater und oft auch andere. Spätestens jetzt müssen die Investoren also Geld in die Hand nehmen. Nun sind nur noch diejenigen im Rennen, die es wirklich ernst meinen.

Vertragsverhandlungen und Closing
Die Verhandlungen sind oft komplex und erfordern eine klare Abstimmung zwischen den Verkäufern und dem Berater. Das Management spielt häufig eine Schlüsselrolle, wenn es um Garantien, Übergangsregelungen oder die zukünftige Zusammenarbeit geht.

Ziel ist ein Vertrag, der den Wert des Unternehmens sichert und gleichzeitig die Risiken für die Verkäufer minimiert.

Fazit
Ein Auktionsprozess ist kein starres Schema, sondern ein flexibler Prozess, der an die spezifischen Gegebenheiten des Unternehmens und die Marktbedingungen angepasst wird. Entscheidend für den Erfolg ist das Zusammenspiel von Verkäufern, Management und Beratern. Mit der richtigen Strategie, klarer Kommunikation und einer Prise Wettbewerb lassen sich beeindruckende Ergebnisse erzielen – manchmal auch über die eigenen Erwartungen hinaus.

Den Ablauf der Investorenmeetings kennen

Ist es nicht unheimlich beruhigend, sich auszukennen?

Ganz genau! Schauen wir uns also an, wie so ein Termin mit den Investoren überhaupt ablaufen könnte. Wenn Sie wissen, was Sie erwartet, können Sie sich nicht nur besser vorbereiten, sondern auch gelassener an die Sache herangehen.

Wir beginnen mit der klassischen Managementpräsentation und werfen abschließend noch einen Blick auf die Fireside Chats und Coffee Table Meetings.

Wer ist überhaupt bei einer Managementpräsentation dabei?
Das Management – klar, das ist gesetzt. Aber wer genau aus dem Team teilnimmt, hängt davon ab, welche Themen im Fokus der Präsentation stehen. In der Regel sind CEO und CFO auf jeden Fall dabei, oft auch die gesamte erste Führungsebene. Je nach Schwerpunkt kann es auch sinnvoll sein, jemanden aus der zweiten Ebene hinzuzuziehen – beispielsweise die Produktionsleiterin, wenn es um operative Abläufe geht, oder den Head of Marketing, wenn die Markenstrategie im Vordergrund steht.

Außerdem nehmen ein bis drei Vertreter der beratenden Investmentbank teil, die den Prozess begleiten und unterstützend zur Seite stehen. Gelegentlich ist auch jemand von der Verkäuferseite dabei, beispielsweise ein Gesellschaftervertreter oder ein Mitglied des Aufsichtsrats.

Auf der Investorenseite sitzen in der Regel zwei bis fünf Entscheider, also diejenigen, die am Ende tatsächlich über den Deal abstimmen. Hinzu kommen oft noch Berater: Das können Investmentbanker, Wirtschaftsprüfer oder Rechtsanwälte sein, die den Prozess aus Investorensicht begleiten. Bei Private-Equity-Investoren kommen manchmal noch Vertreter der finanzierenden Banken hinzu, die sicherstellen wollen, dass sich ihr Investment lohnt.

Kurzum: Es ist eine bunte Mischung von Menschen, die unterschiedliche Interessen verfolgen – und genau das macht die Dynamik solcher Meetings so spannend.

So läuft eine Managementpräsentation meist ab
Typische Bestandteile eines solchen Meetings sind:

- Eintreffen der Investoren, meist begleitet von Smalltalk
- Offizielle Begrüßung durch die Investmentbank
- Vorstellungsrunde
- Präsentation der Investoren
- Managementpräsentation
- Q&A
- Betriebsbesichtigung

Normalerweise sind die Vertreter der Investmentbank und das Management bereits im Raum, wenn die Investoren eintreffen. Man gibt sich die Hand, stellt sich kurz vor, tauscht möglicherweise auch Visitenkarten aus. Es gibt etwas Smalltalk über die Anreise und zu den Getränkewünschen. Dann wird es offiziell, alle nehmen Platz, und es geht los.

Die Moderation übernimmt meist ein Vertreter der Investmentbank. Er oder sie begrüßt noch einmal offiziell und stellt die Agenda für den Tag vor.

Dann folgt die Vorstellungsrunde. Hier stellt sich das Management in der Regel mit ein bis zwei Minuten pro Person etwas ausführlicher vor, während sich die anderen – also die Investoren und Berater – eher auf Namen, Firma und Funktion beschränken.

Praktisch ist es, wenn die Verkäuferseite die Runde beginnt. Denn dann können die Investoren gleich im Anschluss an ihre Vorstellung ihr Unternehmen, ihre Ziele für den Zukauf und ihre Pläne für das Unternehmen vorstellen – oft wurden sie von der Investmentbank im Vorfeld dazu aufgefordert.

Danach folgt die eigentliche Managementpräsentation. Hier werden alle Themen präsentiert, die für die Investoren wichtig sind. Im Idealfall können die Investoren direkt während der Präsentation Fragen stellen, und es entwickelt sich so etwas wie eine Diskussion. In der anschließenden Q&A-Runde werden die Fragen beantwortet, die während der Präsentation offengeblieben sind. Findet das Treffen am Unternehmensstandort statt, ist es üblich, auch eine Betriebsbesichtigung einzubauen – entweder direkt im Anschluss an die Präsentation oder zwischendurch als willkommene Pause.

Davon unterscheiden sich Fireside Chat bzw. Coffee Table Meeting
Bei Fireside Chats oder Coffee Table Meetings geht es etwas entspannter zu. Hier sind in der Regel deutlich weniger Personen im Raum – meist nur der CEO und vielleicht die CFO, eine Person von der Investmentbank und ein bis zwei Personen von der Investorenseite.

Nach einer kurzen Vorstellungsrunde – auch hier kann sich das Management ruhig etwas ausführlicher vorstellen – folgt eine deutlich kürzere Präsentation als bei der Managementpräsentation. In vielen Fällen ergibt es sich, dass die Präsentation gar nicht von vorn bis hinten gehalten wird, sondern sich schnell ein Gespräch entwickelt, in dem die wesentlichen Themen besprochen werden.

Wie viel Zeit sollten Sie einplanen?
Eine Managementpräsentation dauert oft um die zwei Stunden. Hinzu kommen etwa eine Stunde für Q&A und gegebenenfalls ein bis zwei Stunden für eine Betriebsbesichtigung. Das bedeutet, dass ein bis zwei Präsentationen pro Tag möglich sind.

Finden informelle Meetings, d. h. Fireside Chats oder Coffee Table Meetings, statt, sind in der Regel zwischen 30 min und einer Stunde einzuplanen. Bis zu drei oder vier Gespräche pro Tag und vielleicht vier bis zehn Gespräche insgesamt sind gut handelbar. In einigen Fällen kommt es vor, dass sie sehr eng getaktet sind und an zwei oder drei Tagen hintereinander insgesamt 15 bis 20 Gespräche stattfinden.

2 Der Kontext: Die Präsentationen im Projektablauf 13

Ihr Transfer in die Praxis

- Jeder Unternehmensverkauf ist anders, aber fast alle durchlaufen die Phasen: Vorbereitung und Marktanalyse, Identifikation potenzieller Käufer, Ansprache und Versand eines Informationsmemorandums an interessierte potenzielle Käufer, Managementpräsentationen, Due Diligence und schließlich Vertragsverhandlung und -abschluss.
- Ein Investorenmeeting startet nach der offiziellen Begrüßung mit einer Vorstellungsrunde vor der eigentlichen Managementpräsentation. Zum Abschluss findet häufig eine Q&A-Runde statt, und auch eine Betriebsbesichtigung gehört vielfach dazu.
- Fireside Chats und Coffee Table Meetings gibt es nur in manchen Verkaufsprozessen. Sie sind informeller, kürzer und haben eher Gesprächscharakter. Sie finden oft online statt und auch deutlich früher im Prozess.

3

Die Präsentationsunterlage: Vom Konzept zur Präsentation

> **Was Sie aus diesem Kapitel mitnehmen**
> - Was eine gute Equity Story ausmacht
> - Wie Sie Ihre Präsentation so strukturieren, dass sie einen guten Flow ermöglicht und die Zuhörerinnen und Zuhörer Ihnen gut folgen können
> - Wie Sie Ihre Wachstumsperspektiven und mögliche Herausforderungen darstellen
> - Wie Sie Ihre Folien aussagekräftig und verständlich gestalten

Managementpräsentationen werden oft unter Zeitdruck erstellt: Die Investoren haben bereits das Infomemo, die Angebote werden in wenigen Wochen erwartet, und danach soll es schnell weitergehen. Die Erwartungen an die Präsentationsunterlage sind hoch – sowohl seitens der Verkäufer als auch seitens der Investoren. Sie soll die Potenziale des Unternehmens schlüssig und überzeugend verkaufen und dem Management eine Plattform für eine starke Performance bieten.

Dieses Kapitel stellt die wichtigsten Instrumente vor, die für eine überzeugende Präsentation nötig sind – und zwar so, dass sie effizient erstellt werden kann.

Das Ziel definieren

Was wollen Sie eigentlich?

Stellen Sie sich vor, Sie wollen ein neues Produkt entwickeln. Würden Sie einfach alle Materialien zusammensuchen, die irgendwo verfügbar sind, und dann auf gut Glück etwas zusammenbauen? Vermutlich nicht. Sie würden sich zuerst fragen: Was ist das Ziel? Was soll das Produkt können, und für wen ist es gedacht?

Das Ziel Ihrer Präsentation ist entscheidend
Ähnlich verhält es sich mit Präsentationen. Ohne ein klares Ziel laufen Sie Gefahr, Inhalte zusammenzuwürfeln, die nicht zueinanderpassen oder Ihr Publikum nicht wirklich erreichen.

Ein klares Ziel hingegen hilft Ihnen, Ihre Präsentation systematisch aufzubauen. Sie wissen, welche Argumente und Beispiele Priorität haben, und können unnötige Details weglassen.

Zielklarheit braucht Mühe, auch bei Managementpräsentationen
Auch bei einer Managementpräsentation ist es wichtig, Zeit in die Bestimmung des Ziels zu investieren. Zwar ist das übergeordnete Ziel klar: Investoren vom Potenzial des Unternehmens zu überzeugen. Die entscheidende Frage ist aber: Wovon genau wollen Sie sie überzeugen? Ist es Ihre Innovationskraft? Ihre Marktposition? Oder vielleicht Ihre skalierbaren Geschäftsprozesse?

Erst wenn die Antworten auf diese Fragen geklärt sind, beginnen Sie mit der Equity Story – der Storyline für die Präsentation. Und haben die Chance, dass Ihre Managementpräsentation nachhaltig überzeugt!

Damit beschäftigen wir uns im folgenden Abschnitt.

Die Equity Story entwickeln

Marktführer – hoch innovative Produkte ...

... – langjährige breite Kundenbasis – hervorragende Wachstumschancen – exzellentes Managementteam – gute finanzielle Performance. Schon mal gehört? Überzeugt?

3 Die Präsentationsunterlage: Vom Konzept zur Präsentation

Wahrscheinlich nicht. Denn diese Aufzählung von Pluspunkten klingt eher nach einer Checkliste als nach einer überzeugenden Equity Story. Warum nicht stattdessen aus diesen Elementen eine mitreißende Geschichte machen? Erzählen Sie eine zwingende und logisch nachvollziehbare Geschichte.

Das Herzstück Ihrer Equity Story: Ihre USP

Hier kommt Ihre Unique Selling Proposition (USP) ins Spiel. Sie ist das Herzstück Ihrer Equity Story. Warum kaufen Ihre Kunden bei Ihnen? Welche Probleme lösen Sie besser als Ihre Wettbewerber? Und vor allem: Wie stellen Sie sich auf die sich ständig ändernden Bedürfnisse Ihrer Kunden ein?

Verweben Sie nun diese USPs zu einer überzeugenden Story und nehmen Sie die Investoren mit auf die Reise. Ein Grundgerüst für eine solche Geschichte ist das folgende – das natürlich im Einzelfall auch angepasst und verändert werden kann und sollte.

Die Struktur der Geschichte
- Die Story beginnt mit dem Markt: Was macht den Markt attraktiv?
- Dann folgen die Kunden: Was ist der Schmerzpunkt der Kunden, was sind ihre Bedürfnisse, ihr konkreter Bedarf?
- Dann kommt das Angebot des Unternehmens: Warum erfüllt das Unternehmen diese Kundenbedürfnisse so gut?
- Als Nächstes geht es um den Betrieb: Wie schafft es das Unternehmen, so aufgestellt zu sein?
- Daraus ergibt sich das Wachstumspotenzial.
- Das alles mündet in die (hoffentlich) hervorragenden Finanzen.

Der letzte Punkt knüpft an die Bedürfnisse der Investoren an: Ihre Investition soll sich lohnen.

Dazu ein Beispiel:

„Unser Unternehmen ist in der Medizintechnik tätig, die getrieben ist von einer alternden Bevölkerung und der steigenden Nachfrage nach innovativen Diagnostiklösungen. Unsere Kunden, führende Krankenhäuser und medizinische Forschungseinrichtungen, benötigen maßgeschneiderte, präzise und effiziente Diagnosewerkzeuge.

Wir erfüllen diese Anforderungen mit KI-gestützten bildgebenden Systemen, die höchste Genauigkeit und Geschwindigkeit bieten. Unser multidisziplinärer Ansatz aus Ingenieurwesen, KI-Entwicklung und klinischem Know-how sowie unsere flexiblen Produktionsstrukturen ermöglichen es uns, kundenspezifische Lösungen innerhalb von sechs Wochen zu liefern.

In den letzten drei Jahren konnten wir so ein durchschnittliches Wachstum von 18 % erzielen. In fünf Jahren erwarten wir einen Umsatz von 500 Millionen Euro, unterstützt durch die Einführung tragbarer Diagnosegeräte für den Homecare-Markt und unsere Internationalisierungsstrategie in Asien.

Eine EBITDA-Marge von 28 % und eine Cash-Conversion Rate von 85 % unterstreichen die Nachhaltigkeit unseres Erfolgs."

Ein Baustein greift in den anderen und wir leiten den Unternehmenserfolg logisch her. So entsteht eine schlüssige Story, die Investoren mitreißt, Vertrauen schafft und Lust macht, den Weg mitzugehen.

Wie Sie diese Story als Basis für den Aufbau Ihrer gesamten Präsentation nutzen können, erfahren Sie im Abschn. „Die Folien zusammenstellen".

Wachstumsperspektiven überzeugend darstellen

„Wir wachsen und wachsen und wachsen ... Aber wie genau eigentlich?"

Wachstumsaussichten sind oft das Herzstück einer Managementpräsentation – schließlich wollen Investoren wissen, wie die Zukunft aussieht. Doch genau hier lauert eine große Falle: Viele Präsentationen bleiben in Allgemeinplätzen stecken. *„Wir wollen organisch durch neue Produktlinien wachsen und sehen viele Optionen für Zukäufe"* klingt zwar gut, ist aber ohne Substanz eher Wunschdenken.

3 Die Präsentationsunterlage: Vom Konzept zur Präsentation

Von Versprechungen zu belastbaren Fakten
Investoren wollen keine vagen Visionen hören. Sie wollen überprüfbare Fakten. Das heißt: Wenn Sie sagen, dass der Umsatz im nächsten Jahr um 15 % steigen wird, dann müssen Sie erklären, *warum* und *woher* dieses Wachstum kommen soll.

Wie sieht eine überzeugende Argumentation aus?
Angenommen, Ihr Unternehmen stellt nachhaltige Verpackungen her, und Sie planen, Ihren Umsatz in den nächsten drei Jahren von 200 Mio. € auf 340 Mio. € zu steigern. Was Ihre Argumentation glaubwürdig macht, ist der Nachweis, woher diese zusätzlichen 140 Mio. € kommen sollen. Zum Beispiel so:

- **Bestehende Aufträge:** *„Ein Großauftrag von zwei führenden Lebensmittelherstellern in Höhe von insgesamt 30 Mio. € pro Jahr wurde bereits unterzeichnet. Die Auslieferung beginnt im nächsten Quartal."*
- **Kundengespräche:** *„Darüber hinaus sind wir in fortgeschrittenen Verhandlungen mit drei großen Einzelhändlern, die zusammen ein Umsatzpotenzial von 70 Mio. € pro Jahr repräsentieren."*
- **Markterschließung:** *„Durch unsere Expansion in den skandinavischen Markt erwarten wir ab dem kommenden Jahr zusätzliche 40 Mio. € pro Jahr, basierend auf Pilotprojekten, die wir derzeit mit drei potenziellen Großkunden umsetzen."*

Solche Details zeigen, dass Ihre Zahlen nicht aus der Luft gegriffen sind. Sie machen Ihre Wachstumspläne nachvollziehbar und stärken das Vertrauen der Investoren in Ihre Aussagen.

Ergebnisprognosen – Nicht nur das „Was", sondern auch das „Wie" zählt
Ähnlich verhält es sich mit Ergebnisprognosen. Es reicht nicht zu sagen, dass die Margen steigen werden, weil Sie ein Kostenoptimierungsprogramm gestartet haben. Sie müssen belegen, wie diese Steigerung konkret erreicht werden soll:

- **Kostensenkung:** *„Durch die Umstellung auf eine günstigere Rohstoffalternative sparen wir ab dem nächsten Jahr jährlich 500.000 €. Diese Maßnahme wurde bereits an einem unserer Produktionsstandorte erfolgreich getestet."*
- **Prozessoptimierung:** *„Wir haben in einem Projekt die Prozesse analysiert und folgende vier Verbesserungsinitiativen gestartet ..."* – die Sie nun konkret erläutern und mit Zahlen belegen.
- **Preisgestaltung:** *„Unser neues Premiumprodukt ermöglicht es uns, die durchschnittliche Verkaufsmarge in diesem Segment von 25 % auf 30 % zu steigern."* Und als Beleg: *„Das haben wir in der Vergangenheit bereits in folgenden Fällen bewiesen"* oder *„Die Preiserhöhungen haben wir in den letzten Jahresgesprächen mit Kunde X und Kunde Y schon durchgesetzt, und wir sind auch für die anderen Kunden zuversichtlich."*

Keine leeren Versprechungen, es zählen die Fakten
Es ist leicht, beeindruckende Wachstumszahlen zu präsentieren. Aber ohne konkrete Belege laufen Sie Gefahr, Ihre Glaubwürdigkeit zu verlieren. Machen Sie es Ihren Zuhörern leicht, Ihren Prognosen zu vertrauen:

- **Zeigen Sie Beweise.** Wenn Sie sagen, dass Kunden interessiert sind, nennen Sie konkrete Namen oder Beispiele.
- **Belegen Sie Ihre Annahmen.** Zeigen Sie, wie Markttrends, Kostenmaßnahmen oder neue Produkte in Ihre Planung einfließen.
- **Bereiten Sie sich auf Nachfragen vor.** Investoren hinterfragen Ihre Zahlen. Gut, wenn Sie Ihre Argumente mit Daten und Fakten untermauern können.

Fazit: Wachstum ist kein Selbstläufer

Der Unterschied zwischen einer beeindruckenden und einer unglaubwürdigen Präsentation liegt im Detail. Zeigen Sie, woher Ihre Wachstumszahlen kommen, wie Sie sie erreichen wollen und was Sie bereits in der Pipeline haben. Wenn Sie diese Punkte klar und überzeugend darstellen, wird Ihr Wachstum nicht nur glaubwürdig wirken – es wird zum entscheidenden Werttreiber Ihrer Managementpräsentation.

Die Präsentation strukturieren

Haben Sie in letzter Zeit mal Zeitung gelesen, Print oder Online?

Ich vermute, die Antwort ist ein klares Ja. Haben Sie darauf geachtet, wie die meisten Zeitungsartikel aufgebaut sind? Vielleicht nicht. Aber wenn Sie es tun, werden Sie feststellen, dass auf eine neugierig machende Überschrift oft eine kurze Einleitung folgt, die den Inhalt zusammenfasst. Wenn Sie das Thema interessiert, lesen Sie den Artikel trotzdem – oder gerade deshalb.

Unser Gehirn braucht Orientierung
Denn unser Gehirn will wissen, wie neue Informationen einzuordnen sind. Redakteure helfen uns dabei, indem sie am Anfang eine Zusammenfassung geben, damit wir die Detailinformationen richtig einordnen können, ohne auf eine falsche Fährte zu geraten.

Bei Präsentationen im Allgemeinen, gar nicht speziell Managementpräsentationen, erlebe ich es dagegen häufig (bei anderen ebenso wie früher bei meinen eigenen), dass zunächst eine Agenda präsentiert wird, die inhaltsleer ist. Beispiel:

„Erst spreche ich über die Problematik. Anschließend gehe ich auf die möglichen Ursachen ein. Dann stelle ich mögliche Lösungen vor und werde am Ende eine davon empfehlen."

Danach wird Schritt für Schritt auf ein noch unbekanntes Fazit hingeführt. Der Nachteil: Die Zuhörer schalten ab oder stellen Fragen, die mit dem Inhalt nur wenig zu tun haben oder in eine völlig andere Richtung gehen als vom Vortragenden beabsichtigt.

Die Zusammenfassung vorweg
Grundsätzlich empfehle ich bei Präsentationen, den Inhalt in drei bis sieben Sätzen zusammenzufassen. Beispiel: *„Unser Ausschuss ist in den letzten Wochen um 200 % gestiegen. Ursache ist das Softwareupdate bei der Maschine X, die nun nicht mehr fehlerfrei arbeitet. Lösungen sind eine Neuin-*

stallation der alten Version der Software oder eine andere Software namens Y, die sogar eine schnellere Produktion ermöglichen würde. Ich empfehle, zunächst die alte Version wieder aufzuspielen und in den Betriebsferien die neue Software zu installieren, die uns fit für die Zukunft macht."

Diese so gesprochenen Sätze werden schriftlich noch etwas verkürzt – und bilden dann die Agenda und die Titel der folgenden Folien oder Kapitel. Nun gilt es, die Folien noch mit den relevanten Fakten zu füllen, die den Folientitel untermauern. Das Ergebnis ist, dass die Zuhörer besser folgen können und die Anzahl der weniger hilfreichen Fragen verringert wird.

Das ist eine Rückmeldung, die ich oft von Kunden bekomme: Sie brauchen nur noch die Hälfte der Zeit für das Erstellen der Präsentation, ihre Präsentationen sind kürzer und kommen schneller auf den Punkt.

Diese Vorgehensweise ist stark an das Pyramidenprinzip von Barbara Minto angelehnt.[1]

Anwendung auf Managementpräsentationen
Für Managementpräsentationen gibt es ein bewährtes Element: die Executive Summary. Ein Einstieg mit der Storyline der Equity Story, wie im Abschn. „Die Equity Story entwickeln" beschrieben, holt die Investoren gleich zu Beginn ab.

Ich erlebe es aber immer wieder, dass die folgenden Abschnitte der Präsentation nicht der Equity Story folgen, sei es in der Reihenfolge, sei es in den Formulierungen. Damit fehlt die klare Verbindung zwischen der Storyline und den weiteren Inhalten. Der rote Faden kann verloren gehen, die Stringenz leidet.

Mit der Executive Summary die gesamte Präsentation strukturieren
Mein Tipp: Nutzen Sie die Executive Summary nicht nur als Überblick, sondern auch als Wegweiser: Achten Sie darauf, dass Ihre zentralen Aussagen in den späteren Kapiteln logisch weiterentwickelt werden. Die Executive Summary sollte der rote Faden sein, an dem sich die gesamte Präsentation orientiert.

---

[1] Vgl. Das Prinzip der Pyramide: Ideen klar, verständlich und erfolgreich kommunizieren, Pearson Studium.

Konkret bedeutet das: Verwenden Sie die zentralen Aussagen der Executive Summary als Kapitelüberschriften. So weiß Ihr Publikum genau, worauf es bei den folgenden Inhalten ankommt. Das vermeidet Irritationen und erleichtert es den Zuhörern, Ihren Argumenten zu folgen.

Gehen Sie so auch bei jedem Kapitel vor: zuerst eine Zusammenfassung der Geschichte des Kapitels, dann die Kernaussagen aus dieser Zusammenfassung als Überschriften für die folgenden Seiten.

Das Ergebnis? Ihre Managementpräsentation wird klarer und überzeugender.

Die Folien zusammenstellen

Kennen Sie das Spiel „Präsentationsfolien-Shuffle"? Leider kann ich es nicht empfehlen – es ist zeitraubend, unkreativ und macht einfach keinen Spaß

Aber genau so habe ich früher oft Präsentationen zusammengestellt: Zuerst geschaut, welche Präsentationen es zu dem Thema schon gibt, dann die Folien kopiert, weitere Folien hinzugefügt, um alle verfügbaren Informationen in der Präsentation darzustellen, und dann alle Folien immer wieder verschoben im Versuch, eine präsentable Reihenfolge zu finden.

Das hat mich oft viel Zeit gekostet und war nicht immer überzeugend.

Deshalb rate ich auch dringend davon ab, die Managementpräsentation mit den Folien aus dem Infomemo zu beginnen. Besser ist es, Sie halten sich an die Regeln der ersten drei Abschnitte:

- Ziel identifizieren,
- die Equity Story als Storyline für Agenda und Gliederung festlegen und dann
- die Inhalte der Folien ergänzen.

Wenn Sie an dieser Stelle feststellen, dass bewährte Inhalte auch gut in die aktuelle Struktur passen, spricht natürlich nichts dagegen, alte Folien zu recyceln.

Aussagekräftige Folientitel formulieren

Ich gehe gerne mal ins Museum für Moderne Kunst und lasse mich beim Betrachten der Bilder von der Frage leiten: „Was will der Künstler damit sagen?"

Aber wehe, mein Leser oder Zuhörer stellt sich diese Frage! Dann ist etwas schiefgelaufen.

Denn wenn sich meine Zuhörer beim Betrachten meiner Folien diese Frage stellen müssen, kommen sie vielleicht zu einem anderen Schluss, als ich es mir wünsche. Mit dem Effekt, dass wir vom Thema abschweifen, dass sie merkwürdige Zwischenfragen stellen, dass ich mich sehr anstrengen muss, um sie wieder auf den roten Faden zu bringen.

Das liegt, wie schon bei der Struktur im Abschn. „Die Präsentation strukturieren" beschrieben, daran, dass unser Gehirn neue Informationen in bestehende Strukturen einordnen will und – wenn es das nicht kann – rätselt, was es mit den neuen Informationen anfangen soll.

Sagen Sie deshalb Ihren Zuhörern vorher, was sie von den Informationen auf der Folie mitnehmen sollen. Bringen Sie die Kernaussage in die Titelzeile. Seien Sie explizit statt implizit – sagen Sie, was Sie mit der Folie sagen wollen. Wie in den folgenden Beispielen:

Statt *„Product Overview"* lieber *„Our products fulfil the client's demands: perfect functionality and high quality."*

Statt *„Production Sites"* lieber *„We maximise efficiency through strategic locations."*

Statt *„Organisation Chart"* lieber *„Our lean organisational set-up enables people of all ranks to make entrepreneurial decisions".*

Also: Machen Sie es den späteren Zuhörern leicht und schreiben Sie die Kernaussage in den Titel.

Andere von den eigenen Entscheidungen überzeugen

Ich habe eine tolle Idee, was Sie in Zukunft anders machen sollten, um andere zu überzeugen ... – Das spricht Sie nicht wirklich an, oder?

Warum nicht? Weil Sie – völlig zu Recht – kein Interesse daran haben, Ihr Verhalten einfach so zu ändern. Deshalb kennen viele von uns die Situation: Wir erzählen von einer wirklich guten Idee, aber statt der erwarteten Begeisterung ernten wir nur fragende Blicke oder gleich Gegenargumente.

Die Kunst, überzeugend zu argumentieren
Wenn ich Sie also davon überzeugen will, in Zukunft wirklich etwas zu verändern, dann muss ich wohl anders vorgehen. Ich versuche es mal so:

Vielleicht kennen Sie Situationen, in denen Sie Ihrem Chef oder einer wichtigen Gesprächspartnerin eine Idee schmackhaft machen wollen. Ihr Gegenüber ist daran aber gar nicht interessiert.

Dann ist das Risiko groß, dass Ihre Idee nicht umgesetzt wird, Sie mit Ihrem guten Einfall nicht punkten können und die in die Idee investierte Zeit für die Katz war.

Viel besser wäre es doch, wenn sich Ihr Gegenüber ernsthaft mit Ihrem Vorschlag auseinandersetzte.

Das erreichen Sie, indem Sie Ihre Argumentation in genau vier Sätze in der folgenden Struktur bringen:

- Situation,
- Problem, das sich aus der Situation für Ihren Gesprächspartner (oder das Unternehmen) ergibt,
- Vision oder Nutzen einer Veränderung,
- Ihre Idee, Ihr Vorschlag zur Lösung des Problems.

Ein Beispiel dafür haben Sie gerade gelesen. Hier ist ein weiteres:

Stellen Sie sich vor, Sie wollen Ihre Kollegin davon überzeugen, eine neue Software zu kaufen. Wenn Sie zu ihr sagen: *„Du, da gibt es diese tolle Software, die kann …"*, dann kann es sein, dass Sie auf wenig Resonanz stoßen und Ihre Argumente gar nicht ausführen können, weil die Kollegin gerade mit anderen Dingen beschäftigt ist und gar keine Lust hat, sich auch noch mit einer neuen Software zu beschäftigen.

Wie wäre es, wenn Sie stattdessen damit anfangen: *„Wir übernehmen regelmäßig Excel-Tabellen in unsere PowerPoint-Folien. Da sich die Werte in Excel immer wieder noch ändern, verbringen wir – ich habe das mal überschlagen – im Team rund 50 Stunden im Monat nur damit. Es wäre doch viel besser, wenn wir das auf fünf Stunden reduzieren und den Rest der Zeit für die Neukundenansprache nutzen könnten. Dafür gibt es diese Software, die das automatisiert."*

Das dringliche Gefühl, etwas verändern zu wollen, ist der Schlüssel
Warum funktioniert das oft besser, als gleich mit der Tür ins Haus zu fallen?

Zum einen geben Sie Ihrem Gegenüber die Chance, Ihnen in der Entwicklung der Idee zu folgen – Sie selbst hatten Ihre Idee höchstwahrscheinlich auch nicht aus dem Nichts, sondern als Lösung eines Problems. Zum anderen freut sich jeder Mensch über die Lösung eines Problems – selbst wenn ihm das Problem vorher gar nicht bewusst war. Wenn also Ihr Gegenüber nach dem Satz mit dem Problem denkt: „Oje, da müssen wir etwas tun!" – dann haben Sie gewonnen. Formulieren Sie daher das Problem so konkret, dass die Dringlichkeit deutlich wird.

Ganz ehrlich: Mir ist dieses Thema so wichtig, dass ich es unbedingt in ein Buch über Präsentation und Kommunikation aufnehmen MUSS.

Das ist auch anwendbar auf Managementpräsentationen
Bei Managementpräsentationen oder Fireside Chats gibt es immer wieder Situationen, in denen Sie Ihre Zuhörer davon überzeugen möchten, dass Sie eine gute Entscheidung getroffen haben. Auch hier eignet sich dieses Format – wenn auch in abgewandelter Form, da das Schaffen von echten „Problemen" in diesem Kontext natürlich nicht zielführend ist.

Dieses Beispiel zeigt, wie die Argumentation aufgebaut werden kann:

„Die Bedürfnisse unserer Zielgruppe verändern sich in Richtung nachhaltiger Produkte. Um wettbewerbsfähig zu bleiben und die steigende Nachfrage nach nachhaltigen Lösungen zu befriedigen, müssen wir unsere Produktpalette anpassen. Diese Anpassung bietet uns die Chance, nicht nur unsere Marktposition zu stärken, sondern auch ein neues, profitables Segment mit einem Umsatzpotenzial im unteren zweistelligen Millionenbereich zu erschließen. Deshalb investieren wir im laufenden und kommenden Jahr insgesamt 4 Millionen Euro in die Entwicklung eines umweltfreundlichen Produktportfolios, das eine breitere Zielgruppe anspricht."

Überzeugt?
Eine weitere Möglichkeit, Investoren zu überzeugen, sind die Stimmen anderer. Wie Sie diese nutzen können, erfahren Sie im nächsten Abschnitt.

Referenzen nutzen

„The secret ingredient": Schaffen Sie Glaubwürdigkeit mit den Stimmen Ihrer Kunden

Fragen Sie sich jetzt, was Kundenfeedback in einer Managementpräsentation zu suchen hat? Gegenfrage: Wann haben Sie das letzte Mal im Internet eingekauft, ohne die Bewertungen zu lesen? Genau.

Denn was vermitteln Testimonials oder Kundenfeedbacks? Sie vermitteln eine Glaubwürdigkeit, die Sie selbst vielleicht (noch) nicht haben. Menschen möchten vertrauen, **bevor** sie sich auf etwas einlassen. Deshalb ist eine unabhängige Meinung von jemandem, der sich bereits darauf eingelassen **hat**, ein unglaublich wertvolles Argument für eine positive Entscheidung. Menschen kaufen von Menschen.

Wofür wollen Sie Glaubwürdigkeit „leihen"?
Der wichtigste Schritt beim Einsatz von Referenzen ist die Definition des Ziels. Welche Aussage in Ihrer Präsentation soll durch eine Referenz untermauert werden? Wollen Sie zeigen, dass Ihr Produkt bei den Kunden beliebt ist? Oder dass Ihre Strategie in der Branche auf Zustimmung stößt?

Nicht alle Referenzen eignen sich für Managementpräsentationen.

- **Rezensionen à la Amazon**: Gut für Produkte, aber unpersönlich und unpassend im Kontext einer Unternehmenspräsentation.
- **Kundenlogos**: Eine einfache Möglichkeit, um zu zeigen, wer Ihre Kunden sind, aber nicht emotional oder verbindlich genug.

Hier kommen Referenzen ins Spiel: Ein Kunde oder eine Expertin steht mit seinem oder ihrem Namen für Ihre Aussage ein und verleiht Ihren Argumenten Glaubwürdigkeit.

Eine gute Referenz fügt sich nahtlos in Ihre Argumentation ein. Ein Beispiel: Wenn Sie die internationale Akzeptanz Ihrer Software betonen, kann ein Zitat eines US-Kunden dies hervorragend untermauern.

Bei einer Managementpräsentation geht es genau darum: Mit den richtigen Stimmen Vertrauen aufbauen und Ihre Botschaften glaubwürdig vermitteln.

Fazit: Glaubwürdigkeit ist der Schlüssel zum Erfolg
Referenzen sind keine Nebensache – sie sind ein kraftvolles Mittel, um in einer Managementpräsentation Vertrauen aufzubauen. Setzen Sie sie gezielt ein, um Ihre wichtigsten Aussagen zu stützen. Wählen Sie Testimonials, die inhaltlich und emotional überzeugen. Denn nichts verstärkt Ihre Botschaften mehr als die Stimme einer zufriedenen Kundin oder eines überzeugten Experten.

Vertrauen lässt sich aber auch durch den richtigen Umgang mit Hindernissen aufbauen. Das zeigt der folgende Abschnitt.

Herausforderungen und Risiken ansprechen

Vogel Strauß oder Adler?

Hand aufs Herz: In jedem Unternehmen gibt es organisatorische Mängel, Schwierigkeiten am Markt, mit Wettbewerbern, auf der Beschaffungsseite oder andere Herausforderungen. Das liegt in der Natur der Sache.

Manche wirken sich vielleicht nur geringfügig auf die zukünftige Profitabilität aus, aber andere haben das Potenzial, das Unternehmen in existenzielle Schwierigkeiten zu bringen, wenn sie nicht erkannt und bearbeitet werden.

Nicht verstecken, sondern anpacken
Ganz klar: Probleme zu ignorieren in der Hoffnung, dass niemand sie bemerkt oder anspricht, ist keine gute Strategie. Investoren werden im Rahmen der Due Diligence ohnehin auf sie stoßen. Viel relevanter ist aber, dass sie von einem guten Management erwarten, dass es Schwächen und Risiken erkennt und proaktiv angeht.

Deshalb ist es im Vorfeld von Verkaufsgesprächen oder Investorenpräsentationen entscheidend, Risiken und Probleme zu identifizieren und transparent zu machen – und zwar so, dass Vertrauen aufgebaut und nicht zerstört wird. Sie wirken glaubwürdig, wenn Sie die Herausforderungen benennen. Und Sie wirken kompetent und schaffen Vertrauen, wenn Sie aufzeigen, wie Sie diesen begegnen wollen.

Nehmen wir an, Sie beziehen ein wichtiges Zulieferteil ausschließlich von einem Lieferanten aus China: *„Teil X beschaffen wir im Moment ganz wesentlich von Zulieferer Y. Obwohl es bisher keine Verzögerungen gab, haben wir das potenzielle Risiko erkannt und proaktiv gehandelt: Wir prüfen derzeit alternative Lieferanten und haben bereits erste Rahmenverträge abgeschlossen, um unsere Abhängigkeit zu reduzieren und langfristig eine stabile Lieferkette langfristig zu gewährleisten."*

Oder Ihr Unternehmen ist stark von einem einzigen Großkunden abhängig. Dann können Sie dies offen ansprechen: *„Ein wesentlicher Teil unseres Umsatzes stammt derzeit von Kunde X. Aufgrund einer langjährigen, strategischen Partnerschaft, die auf gemeinsam entwickelten Prozessen und einer engen Zusammenarbeit basiert, besteht eine gegenseitige Abhängigkeit, die uns Sicherheit für eine sehr langfristige Beziehung gibt. Darüber hinaus haben wir bereits Maßnahmen wie den Ausbau unseres Vertriebsteams eingeleitet, um neue Kundensegmente zu erschließen"*. Das zeigt sowohl Ihre Transparenz als auch Ihre Lösungsorientierung.

Dies sind nur kurze Beispiele, die Sie in einer Präsentation und gegebenenfalls auch flankierend mit tiefer gehenden Informationen und Analysen belegen können. Damit zeigen Sie, dass das Problem erkannt ist und Sie es aktiv angehen.

Drei Schritte zu einer effektiven Risikoanalyse

Führen Sie eine fundierte Problem- und Risikoanalyse in drei Schritten durch. Die zentrale Frage lautet: Wie zeigen Sie, dass Sie diese Risiken und Probleme nicht nur erkannt haben, sondern auch aktiv angehen?

1. Probleme und mögliche Risiken identifizieren: Welche Gefahren könnten auf das Unternehmen zukommen?
2. Folgen abschätzen: Welche Auswirkungen hätten diese Probleme und Risiken, wenn das Unternehmen nicht reagierte?
3. Wahrscheinlichkeiten quantifizieren: Welche Risiken sind realistisch und haben das höchste Schadenspotenzial?

Adlerperspektive einnehmen

Probleme und Risiken mit hoher Eintrittswahrscheinlichkeit und hohem Schadenspotenzial sind die kritischen. Wenn Sie einen klaren Überblick haben (Adlerperspektive), überlegen Sie, was Sie gegen die relevanten Risiken und Probleme tun können. Am besten setzen Sie darüber hinaus diese Maßnahmen bereits um.

Fallstrick: Zu viele Baustellen

Ich coachte einmal eine Managementpräsentation für ein Unternehmen, das zwar positive Ergebnisse auswies, aber auch einigen Restrukturierungsbedarf hatte. Das Kapitel zur Restrukturierung begann mit einer Übersichtsfolie, die nach Unternehmensbereichen geordnet die jeweiligen Themen auflistete. Von der Struktur der Darstellung her war das vorbildlich gemeistert. Da aber für jeden Bereich Themen aufgelistet wurden, entstand der Eindruck, das ganze Unternehmen sei eine einzige Baustelle. Das war es bei weitem nicht!

Deshalb: Konzentrieren Sie sich auf die wesentlichen Themen. Nicht jeder Veränderungsbedarf ist bedeutend genug für die Managementpräsentation. Dafür ist immer noch Platz in der Due Diligence.

Fazit: Risiken und Herausforderungen kompetent managen

Wer Risiken erkannt und Maßnahmen abgeleitet hat, wirkt umsichtiger und kompetenter. Ihre Präsentationsunterlagen sollten zwar die negativen Aspekte aufzeigen, aber vor allem die Schritte, die Sie bereits unternommen haben oder in Zukunft unternehmen werden, um diese Risiken zu minimieren. So vermitteln Sie den Eindruck eines Managements, das nicht nur Gefahren erkennt, sondern auch verantwortungsbewusst und entschlossen handelt.

Den Text der Schlussfolie verfassen

Nach der Präsentation gibt es Fragen, eine Diskussion. Und die Blicke des Auditoriums schweifen über ...

... „Danke" oder „Danke für die Aufmerksamkeit!" oder „Fragen?" oder gar „Anhang".
Das erlebe ich oft bei Präsentationen. Die Zuhörer lesen das dann während der fünf-, zehn-, zwanzig- oder mehrminütigen Diskussion immer und immer wieder.
Stellen Sie sich im Vergleich dazu vor, die Folie würde die Kernaussagen, eine kurze Zusammenfassung oder einen Appell an die Zuhörer zeigen.
Die Frage, welche Alternative Sie in Ihrem Präsentationsziel besser unterstützt, erscheint Ihnen jetzt banal? Perfekt! Dann wissen Sie, was Sie auf Ihre letzte Folie schreiben.
Sie haben nun viel über Aufbau und Inhalt von Managementpräsentationen gelernt. Was ist beim Erstellen der Präsentation noch wichtig? – Wer die Präsentation erstellt und wie die Folien aussehen. Darum geht es in den folgenden drei Abschnitten.

Die Präsentation gemeinsam erstellen

‚Teamwork makes the Dream Work' – auch bei der Präsentation

Häufig wird die Managementpräsentation von der Investmentbank erstellt und dem Management vorgelegt. Das hat einen guten Grund: Die Banker kennen die Bedürfnisse und Fragen der Investoren oft am besten und haben auch mehr Ressourcen, um die Präsentation zu erstellen. Es reicht aber nicht aus, dass die Präsentation inhaltlich stimmt – das Management muss sich mit den Inhalten identifizieren.

Wenn Management und Investmentbanker gemeinsam an der Präsentation arbeiten, entsteht nicht nur eine klare und zielgerichtete Botschaft. Die Manager und Managerinnen fühlen sich auch sicherer, weil sie die Formulierungen und Inhalte als authentisch empfinden. Eine gemeinsam erarbeitete Präsentation erhöht somit die Glaubwürdigkeit – und das spiegelt sich in der Überzeugungskraft gegenüber Investoren wider.

Der Schlüssel liegt also in der Zusammenarbeit: Wird das Management frühzeitig in die Erstellung der Unterlagen eingebunden, ist der Erfolg der Präsentation kein Zufall.

Auf Verständlichkeit achten

Bullet Points oder doch lieber ganze Sätze?

Diese Frage wird mir oft gestellt, und die Antwort ist eindeutig: sowohl als auch!

Wenn Sie nur ganze Sätze schreiben, dann wird Ihre Präsentation viel zu textlastig und verleitet die Zuhörer dazu, die Folien einfach selbst zu lesen, anstatt Ihnen zuzuhören. Wenn Sie nur Bullet Points verwenden, wird es schwierig, die Kernaussagen wirklich zu vermitteln.

Letzteres wird mit folgendem Beispiel deutlich:

- *Abstimmung über die Neustrukturierung des Planungsprozesses*
- *Wir stimmen uns heute über die neue Struktur unseres Planungsprozesses ab.*

Der zweite Text ist nur etwas länger, aber es wird sofort klar, wer was wann tut. Handlungen bleiben besser im Gedächtnis. Nutzen Sie daher ganze Sätze für Ihre Kernaussagen.

Wichtig ist nur, dass die Sätze nicht zu lang werden. Nicht immer klappt es gleich, sie kurz zu formulieren. Aber wenn Sie Ihren Text einfach mal einen Tag liegen lassen, werden Sie merken: Es gibt immer eine kürzere, knackigere Version.

Darüber hinaus gibt es noch ein paar Tipps für eine bessere Lesbarkeit und Verständlichkeit.

Vermeiden Sie den Nominalstil: Klarheit durch Verben und aktive Sätze
Was viele nicht wissen: Der Nominalstil ist der Feind jeder guten Präsentation. „Empfehlung zur Vermeidung der Umwandlung von Verben in Substantive" ist schlicht komplizierter als „Vermeiden Sie Substantive, nutzen Sie Verben." Ersteres verleitet zum Wegdösen, letzteres bleibt hängen.

Auch das Subjekt ist wichtig, um die Aussage wirklich einprägsam zu machen. Ein „man" oder eine passive Formulierung machen den Inhalt weniger prägnant. Zum Beispiel: „Das Fahrrad wurde gestohlen" ist gut, aber „Der Dieb hat das Fahrrad gestohlen" bleibt besser im Gedächtnis. Wer sieht sich nicht sofort den Dieb mit der Zange vor sich?

Fazit: Verwenden Sie Bullet Points für Details und schreiben Sie Ihre Kernaussagen in guten, einprägsamen Sätzen. Da es sich bei den Folientiteln um Kernaussagen (Action Titles) handeln soll, ist nun auch klar, warum Sie diese am besten als ganzen Satz formulieren – so wissen Ihre Zuhörer sofort, worum es geht.

Folien gestalten

Lieber eine Präsentation mit vielen Bildern, die kaum Informationen transportiert, oder lieber eine informative, textlastige Präsentation, die nicht schön aussieht?

Kurz gefragt: viel oder wenig Text auf den Folien in einer Managementpräsentation? Eine allgemeingültige Antwort gibt es leider nicht. Natürlich sehen Präsentationen mit vielen Bildern und wenig Text besser aus. Aber gerade Präsentationen für Investoren sollen den Entscheidern auch klare Informationen liefern. Investoren erwarten nicht nur visuelle Eindrücke, sondern auch präzise und nachvollziehbare Informationen.

Deshalb finden wir in Managementpräsentationen immer wieder viele Informationen und viel Text.

Das Optimum: Information und Design
Wenn die Zeit reicht, gibt es eine Alternative. Nämlich das, was ich grundsätzlich für wirklich wichtige Präsentationen empfehle, ebenso wie für solche, die mehrfach verwendet werden: Erstellen Sie zwei Versionen der Präsentation.

- Zuerst erstellen Sie die Handout-Version mit ausführlichem Text, allen relevanten Zahlen und aussagekräftigen Bildern. Diese Version hilft auch den Vortragenden, sich auf die Präsentation vorzubereiten.
- Anschließend kürzen Sie den Text und platzieren die Bilder prominenter. Diese Version konzentriert sich auf die Kernaussagen und unterstreicht diese mit klaren, leicht verständlichen visuellen Elementen. Eine PowerPoint-Agentur kann helfen, das Design zu professionalisieren und die Folien optisch ansprechender zu gestalten.

Bei weniger kritischen Präsentationen spare ich mir in der Regel den Aufwand für zwei Versionen. Aber auch sie brauchen eine klare Struktur und prägnante Botschaften. Ich schreibe die Kernaussagen der einzelnen Folien in ganzen Sätzen auf und ergänze sie mit kurzen Stichpunkten, die den Zuhörern helfen, den Inhalt auch ohne das gesprochene Wort zu verstehen.

Ihr Transfer in die Praxis

- Beginnen Sie mit einem klaren Ziel und einer starken Equity Story als Grundlage für Ihre Präsentation.
- Entwickeln Sie eine klare und überzeugende Struktur, indem Sie die Equity Story als Zusammenfassung und als Wegweiser durch Ihre Präsentation verwenden.
- Stellen Sie die Wachstumsperspektiven schlüssig dar und lassen Sie die Herausforderungen nicht unter den Tisch fallen.
- Geben Sie Ihren Folien aussagekräftige Titel, die den Zuhörern Orientierung geben und sie ansprechen.
- Machen Sie all dies gemeinsam: M&A-Berater und Management zusammen.

4

Die richtige Vorbereitung für den perfekten Auftritt

> **Was Sie aus diesem Kapitel mitnehmen**
> - Wie Sie den Präsentationsraum optimal gestalten und die Atmosphäre für eine überzeugende Präsentation schaffen
> - Wie wichtig Timing, Beleuchtung und Sitzordnung für den Gesamteindruck sind
> - Warum Proben im Allgemeinen, der Dry Run im Besonderen und Feedbackprozesse für die Perfektionierung Ihrer Präsentation entscheidend sind

Von der Wahl des Raumes und der Dekoration über den richtigen Hintergrund für Online-Präsentationen bis hin zu Aspekten wie Temperatur, Beleuchtung und Verpflegung – kleine Details können eine große Wirkung haben.

In diesem Kapitel geht es um alles, was vor der eigentlichen Präsentation passiert – um den Rahmen, der die Grundlage für Ihren Auftritt bildet. Die Gestaltung des Präsentationsraums, die richtige Atmosphäre und das Üben unter realen Bedingungen sind entscheidend dafür, dass Ihre Botschaft nicht nur gehört, sondern auch richtig wahrgenommen wird.

Den Präsentationsraum gestalten

Ist denn schon wieder Weihnachten? Was die Weihnachtszeit mit Ihrer Präsentation zu tun hat

Alle Jahre wieder geben wir uns in der Vorweihnachtszeit große Mühe, damit alles perfekt ist: stimmungsvolle Dekoration, wohlige Wärme, gutes Essen – mit dem Ziel, dass sich alle wohlfühlen und die Stimmung stimmt.

So weit, so gut. Was hat das mit Ihrer Managementpräsentation zu tun? Ganz einfach:

Raum und Atmosphäre als Erfolgsfaktor
Schon mit der Wahl des Ortes können Sie positive Akzente setzen. Unabhängig davon, ob Sie die Präsentation in den eigenen Räumlichkeiten oder an einem externen Ort abhalten: Achten Sie darauf, dass der Raum nicht nur funktional ist, sondern auch ein Gefühl für Ihre Unternehmensidentität vermittelt.

Dekorieren Sie passend zu Ihrem Unternehmen. Plakate oder Flyer können dezent im Raum verteilt werden, um Ihre Botschaften visuell zu unterstreichen. Oder schaffen Sie sogar eine interaktive Komponente – zum Beispiel mit Produkten, Mustern oder Prototypen, die Ihre Gäste im wahrsten Sinne des Wortes „begreifen" können.

Kleine Details, große Wirkung
Achten Sie auf Basics, die leicht übersehen werden:

- Temperatur: Niemand will frieren oder schwitzen. Angenehme Wärme trägt zur Entspannung bei.
- Beleuchtung: Wählen Sie eine Beleuchtung, die freundlich wirkt, aber nicht blendet.
- Verpflegung: Ein paar hochwertige Snacks oder Getränke, die zum Stil Ihres Unternehmens passen, können einen bleibenden Eindruck hinterlassen.

Diese scheinbar nebensächlichen Dinge sorgen dafür, dass sich Ihre Zuhörer wohlfühlen. Und hier kommt der so genannte Halo-Effekt ins Spiel: Fühlen sich Ihre Gäste gut umsorgt, übertragen sie dieses positive Gefühl auch auf Ihre Präsentation und Ihr Unternehmen.

Starten Sie im Plus
Natürlich lebt eine gute Präsentation von starken Inhalten. Doch wenn die Rahmenbedingungen nicht stimmen, müssen Sie mehr Energie aufwenden, um gegen negative Eindrücke anzukämpfen. Sorgen Sie stattdessen dafür, dass Ihr Publikum von Anfang an auf Empfang eingestellt ist – dann wird Ihre Botschaft nicht nur gehört, sondern auch mit einem positiven Gesamteindruck verbunden.

Was ist mit Online-Präsentationen?
Nicht immer findet Ihre Präsentation in einem physisch greifbaren Raum statt. Auch bei virtuellen Meetings zählt der Raum – nur in anderer Form. Mehr dazu erfahren Sie im nächsten Abschnitt.

Atmosphäre bei Online-Präsentationen schaffen

Auch online geht mehr, als man denkt

Spätestens seit Corona ist die Online-Kommunikation aus unserem Alltag nicht mehr wegzudenken. Auch wenn die Managementpräsentationen meist in Präsenz stattfinden, gibt es sie immer noch: Fireside Chats und Coffee Table Meetings per Video-Call. Auch Bankenpräsentationen – also wenn es um Präsentationen zur Finanzierung der Transaktion geht – finden meist online statt.

Genau hier lohnt es sich, einmal genauer hinzuschauen – nämlich hinter Ihnen. Denn Ihr Hintergrund spricht Bände, ob Sie wollen oder nicht.

Zoom-Fenster und Botschaften

Die Pandemie hat uns nicht nur neue Kommunikationsformen beschert, sondern auch einen Blick in die privaten Wohn- und Arbeitszimmer unserer Gesprächspartner. Auch wenn Ihre Inhalte bei Investorenpräsentationen im Vordergrund stehen, vergessen Sie nie: Ihr Hintergrund erzählt eine Geschichte. Die Frage ist nur, ob es die ist, die Sie erzählen wollen.

Finger weg von Standard-Hintergründen!

Sicher, der verschwommene Hintergrund oder das virtuelle Bild mit schickem, modernem Büroambiente sind verlockend – sie kaschieren Chaos und sind schnell eingestellt. Aber Vorsicht: Gerade bei Investorenpräsentationen kann das eine falsche Botschaft aussenden. Solche Hintergründe wirken oft wie eine Maske und suggerieren, dass Sie nicht alles zeigen wollen.

Investoren wollen Vertrauen aufbauen, und das gelingt besser mit einem echten Hintergrund – vorausgesetzt, er ist gut gestaltet.

Eine Bücherwand? Nette Idee, aber …

Die allgegenwärtige Bücherwand ist ein Klassiker. Aber denken Sie daran: Sie präsentieren nicht Ihre private Leseleidenschaft, sondern Ihr Unternehmen. Statt auf intellektuelle Tiefe zu setzen, halten Sie es lieber schlicht und fokussiert.

So gestalten Sie den perfekten Hintergrund

- **Neutral, aber nicht langweilig:** Eine einfarbige oder weiße Wand funktioniert gut, wirkt aufgeräumt und professionell.
- **Weniger ist mehr:** Verzichten Sie auf zu viel Deko. Wenige ausgewählte Gegenstände, die einen Bezug zu Ihrem Unternehmen oder Ihren Produkten haben, reichen völlig aus. Vielleicht ein Aufsteller mit Firmenlogo? Produkte, die ins Bild passen? Oder gar eine wichtige Auszeichnung, die Sie geschickt platzieren?
- **Harmonisch:** Achten Sie darauf, dass die Farben stimmig sind und keine Unruhe erzeugen. Eine ruhige Farbpalette – zum Beispiel neutrale Töne wie Grau, Beige oder Blau – schafft eine professionelle und

einladende Atmosphäre. Wenn Sie Akzentfarben verwenden, achten Sie darauf, dass diese mit Ihrem Unternehmen oder dem Thema Ihrer Präsentation harmonieren.

Ein gut gestalteter Hintergrund lenkt nicht ab, sondern unterstützt subtil Ihre Botschaft. Er zeigt: Sie haben ein Auge fürs Detail, sind gut vorbereitet und konzentrieren sich auf das Wesentliche: Ihr Unternehmen und seine Stärken.

Stellen Sie Ihr Licht nicht unter den Scheffel
Weniger sichtbar, aber genauso entscheidend ist die Beleuchtung. Schlechte Beleuchtung kann Sie im wahrsten Sinne des Wortes in den Schatten stellen. Achten Sie darauf, dass Sie gut ausgeleuchtet sind, idealerweise von vorn. So vermeiden Sie, dass Ihr Gesicht im Dunkeln verschwindet oder Sie in einem unangenehmen Gegenlicht erscheinen.

Die richtige Beleuchtung sorgt nicht nur dafür, dass Sie gut gesehen werden, sondern vermittelt auch einen professionellen Eindruck. Vermeiden Sie grelles Licht von oben und setzen Sie auf eine gleichmäßige Ausleuchtung, die Ihr Gesicht klar und freundlich erscheinen lässt.

Und die Verpflegung?
Natürlich werden Sie den Investoren im Vorfeld kaum ein Lunchpaket schicken. Aber: Da ein leerer Magen schlechte Laune macht, sollten Sie bei Online-Präsentationen auf den Zeitpunkt achten: Vermeiden Sie Meetings ab 11.30 Uhr oder, wenn das nicht möglich ist, bieten Sie Ihren Zuhörern anfangs zumindest an, sich noch einen Kaffee, ein anderes Getränk oder gleich einen Snack zu holen.

Fazit
Denken Sie beim nächsten Online-Meeting daran: Ihr Hintergrund ist nicht nur „Beiwerk". Er ist ein Teil Ihrer Präsentation und ein wichtiger Baustein, um Vertrauen und Professionalität auszustrahlen. Auch Kleinigkeiten wie eine gute Beleuchtung, der richtige Zeitpunkt für Ihr Online-Meeting oder eine kurze Getränkepause können dazu beitragen. Damit Sie von Anfang an einen guten Eindruck hinterlassen.

Stehend oder sitzend präsentieren

Nähe oder Präsenz, was darf es sein?

Die Antwort ist eine Rückfrage: „Was wollen Sie denn erreichen?"
Generell gilt: Im Stehen gewinnen Sie nicht nur buchstäblich mehr Raum, sondern auch mehr Präsenz. Ihre Zuhörer spüren sofort: „Das hier ist wichtig!". Sie schaffen eine Vortragsatmosphäre, in der Sie das Sagen haben und alle gespannt zuhören.
Doch Vorsicht: Stehen schafft Distanz. Der Blick von oben auf die Zuhörerinnen und Zuhörer erschwert echte Diskussionen. Stattdessen sind Sie in der Expertenrolle und steuern die Veranstaltung – mit allen Vor- und Nachteilen.
Sitzen hingegen signalisiert Offenheit und lädt zum Dialog ein.
Eine andere Dynamik entsteht. Sie kommunizieren auf Augenhöhe, laden zum Dialog ein und machen deutlich: „Hier geht es um Austausch." Diese Haltung ist ideal, wenn Sie gemeinsam Lösungen erarbeiten oder Ihre Ideen auf den Prüfstand stellen wollen.
Und was bedeutet das für Ihre M&A-Präsentation?
Ganz einfach:

- Fireside Chats oder Coffee Table Meetings: Immer im Sitzen – für eine entspannte, persönliche Atmosphäre.
- Die große Managementpräsentation: Hier stehen Sie besser auf! Zumindest, wenn das Auditorium groß ist. Hier zählt Ihre Präsenz, und es gilt, die Bedeutung des Augenblicks zu unterstreichen.

Also: Im Sitzen überzeugen oder im Stehen brillieren? Ihre Haltung ist Ihre Botschaft – wählen Sie weise!
Wenn Sie sich für Präsentieren im Stehen entscheiden – stehen Sie frei! Warum? Das erfahren Sie im Abschn. „Auf ein Rednerpult verzichten".

Auf dem Bildschirm gut sichtbar sein

Wollten Sie immer schon mal ganz groß rauskommen?

Zoom und Teams sind die Bühnen unserer Zeit. Aber bevor Sie sich wie ein Filmstar fühlen, sollten wir über Ihr „Bildformat" sprechen. Denn leider ist die Nahaufnahme aus der Webcam-Perspektive nicht die Art von „ganz groß rauskommen", die Sie sich wünschen. Sicherlich möchten Sie Ihren Gesprächspartnern nicht das Gefühl geben, durch eine Lupe auf Ihr Kinn oder – noch schlimmer – in Ihre Nasenlöcher zu blicken. Im Gegenteil:

Zeigen Sie sich ganz – vom Bauchnabel bis zur Haarspitze
Warum ist das besser? Es ist das Format, das einem Gespräch am Tisch am nächsten kommt. Wir sind es gewohnt, Menschen so zu sehen. Es schafft Nähe und ein angenehmes Gefühl für Ihre Gesprächspartner. Bei Begegnungen im echten Leben ist die berühmte „Armlänge" der Abstand, der Nähe schafft, ohne zu bedrängen. Probieren Sie es aus: Stellen Sie sich näher an Bekannte, die keine engen Freunde sind. Sie werden sich wahrscheinlich unwohl fühlen. Stehen Sie dagegen eine Armlänge entfernt, fühlt es sich richtig an. Und was sehen Sie dann? Richtig – Ihr Gegenüber vom Bauchnabel aufwärts. Diese Perspektive vermittelt Vertrautheit, ohne unangenehm aufdringlich zu wirken.

Ein weiterer Vorteil: Ihre Gestik kommt voll zur Geltung.

Beachten Sie außerdem die Perspektive. Einmal wollte ein Managementteam bei einer Online-Präsentation im Meetingraum gemeinsam auftreten. Sie saßen nebeneinander, wie bei einer klassischen Podiumsdiskussion. Die Kamera war allerdings über der Leinwand oben an der Wand montiert, sodass die Zuschauer quasi „von oben herab" auf das Team blickten. Das Ergebnis war ... suboptimal. Zum Glück war es nur die Probe! Kurzerhand wurde der Haustechniker gerufen, der eine separate Kamera auf Augenhöhe installierte. Plötzlich wirkte das ganze Team souverän, präsent und nahbar.

Den „Headroom" nutzen
Als Headroom bezeichnet man den Abstand zwischen Kopf und oberem Bildrand. Hier gilt die Daumenregel: Legen Sie die Hand mit dem Daumen nach unten quer über den Kopf. Wenn das Wackeln des kleinen Fingers noch sichtbar ist, haben Sie zu viel Platz gelassen.

Warum ist das wichtig? Weil ein Bild, auf dem Sie unten in der Ecke kleben, weniger professionell und präsent wirkt. Stattdessen entsteht der Eindruck, dass Sie sich in der Szene „verloren" haben oder dass der Rahmen falsch gesetzt wurde. Ein optimal genutzter Headroom hingegen signalisiert Professionalität und Liebe zum Detail. Sie wirken zentriert und „im Raum angekommen", so wie ein Moderator auf der Bühne. Das richtige Verhältnis zwischen Ihnen und der Umgebung sorgt dafür, dass Sie als Mittelpunkt wahrgenommen werden – klar, präsent und selbstbewusst.

Kamera auf Augenhöhe
Und wie bekommt man das hin? Ganz einfach: Bringen Sie die Kamera auf Augenhöhe. So werden Sie weder von unten herab noch von oben herauf gefilmt. Schließlich wollen Sie Ihren Gesprächspartnern wie im richtigen Leben auf Augenhöhe begegnen. Dazu reicht oft schon ein kleines Podest oder ein Bücherstapel, auf den Sie Ihren Laptop stellen. Alternativ können Sie auch eine separate Kamera verwenden – Hauptsache, Sie sitzen entspannt und in ausreichendem Abstand, damit Ihre Gestik sichtbar bleibt.

Fazit
Es sind oft kleine technische Anpassungen wie die richtige Kameraeinstellung oder ein paar Bücher unter dem Laptop, die den Unterschied zwischen „irgendwie dabei" und „voll präsent" ausmachen.

Wenn Sie diese einfachen Anpassungen vornehmen, zeigen Sie sich von Ihrer besten Seite. Und das ganz ohne Scheinwerfer und Filmregisseur!

Auf ein Rednerpult verzichten

Wollen Sie sich irgendwo festhalten? Oder verstecken? Oder erwarten Sie, mit faulen Eiern beworfen zu werden?

Das gute alte Rednerpult hat seinen Platz in der Geschichte – irgendwo zwischen höfischen Proklamationen und Predigten von der Kanzel. Doch warum begegnen wir ihm noch immer so oft? Sicher, es bietet Platz für ein Manuskript, das Sie ohnehin auswendig lernen sollten, oder für ein Wasserglas, das auch auf einem Tisch sicher steht. Selbst der Bedarf an fest installierten Mikrofonen, etwa für größere Investorengruppen, gehört der Vergangenheit an – Funktechnik ist längst Standard.

Die Barriere Rednerpult
Was bleibt, ist das Problem: Ein Pult trennt Sie von Ihrem Publikum. Es wird zur Barriere – optisch, emotional, kommunikativ. Die Vorteile des freien Stehens habe ich im Abschn. „Stehend oder sitzend präsentieren" beschrieben. Doch das Stehpult konterkariert genau diese Vorteile. Statt Dynamik und Nähe entstehen Statik und Distanz. Sie stehen zwar, aber Ihre Haltung wirkt zurückhaltend, fast defensiv.

Für eine Managementpräsentation, bei der es um Vertrauen und Offenheit geht, ist das ein Nachteil. Ihre Investoren suchen keine unnahbaren Experten hinter einer Schranke, sondern dynamische, engagierte Persönlichkeiten. Sie wollen echte Gespräche, kein steifes Rezitieren.

Ein Stehpult signalisiert: *„Ich bin hier, Sie dort – bitte hören Sie zu."* Eine Managementpräsentation aber braucht das Gegenteil: *„Wir stehen gemeinsam vor einer großen Zukunft"*.

Nähe statt Barriere
Deshalb: Treten Sie heraus! Verzichten Sie auf das Rednerpult, schaffen Sie Nähe und zeigen Sie, dass Sie die Bühne mit Ihren Zuhörern teilen wollen – ohne Barrieren, ohne Distanz, aber mit viel Vision.

Wenn Sie nicht dran sind, haben Sie natürlich Ihren Platz am Tisch. Wo, das verrät der folgende Abschnitt.

Die Sitzordnung festlegen

Die Investoren werden schon einen Platz finden, oder?

Ganz sicher. Aber: Ist es auch der richtige? Die Sitzordnung in einer Managementpräsentation ist mehr als eine Frage der Ästhetik – sie ist ein Statement. Ihre Anordnung kann die Dynamik im Raum entscheidend beeinflussen und sendet klare Botschaften.

Das Prinzip: Klarheit und Spiegelung
Am besten sitzt das Managementteam auf der einen Seite und die Investoren auf der anderen. Diese gegenüberliegende Anordnung schafft Übersicht und signalisiert gleichzeitig: Hier sitzen zwei Teams auf Augenhöhe und diskutieren über eine gemeinsame Zukunft.

Besonders wichtig: Positionieren Sie den CEO zentral und vorn. Er oder sie ist das Gesicht des Unternehmens, bekommt die meiste Redezeit und trägt die Verantwortung, Vision und Vertrauen zu vermitteln. Der Entscheider der Investoren sollte ihm oder ihr direkt gegenübersitzen – ein symbolisches Zeichen dafür, dass hier die Entscheidungsträger direkt miteinander sprechen.

Gleiches gilt für den CFO: Gegenüber sollten diejenigen sitzen, die die Finanzen im Griff haben. Das macht die Kommunikation zielgerichtet und effizient und schafft direkte Anknüpfungspunkte.

Berater? Bitte dezent!
Berater – sowohl die M&A-Berater des Verkäufers als auch die Berater auf der Käuferseite – gehören eher in den Hintergrund. Ihre Aufgabe ist es, zu unterstützen, nicht die Bühne zu übernehmen. Eine sichtbare, aber zurückhaltende Präsenz ist hier der Schlüssel.

Diese Sitzordnung unterstreicht die Hierarchie, fördert klare Kommunikationswege und vermeidet unnötige Verwirrung. Sie lenkt die Aufmerksamkeit auf die wesentlichen Personen – diejenigen, die die Vision vertreten, und diejenigen, die letztendlich entscheiden.

Um diese Sitzordnung gezielt umzusetzen, helfen vorab vorbereitete Namensschilder. Stellen Sie diese auf die Plätze, sodass jeder ohne Diskussion seinen vorgesehenen Platz findet. So vermeiden Sie Unklarheiten und setzen die gewünschte Struktur von Anfang an um.

Kurzum: Mit der richtigen Sitzordnung – und einem durchdachten Plan – schaffen Sie nicht nur Struktur, sondern auch die Grundlage für eine produktive und überzeugende Diskussion.

Den Präsentationslaptop platzieren

Wünschen Sie sich einen Souffleur für Ihre Präsentation?

Das ist kein Problem, der ist bereits an Ihrer Seite!
Beziehungsweise, er könnte es sein – nämlich Ihr Präsentationslaptop. Tatsächlich habe ich zum Standort dieses Laptops schon alles erlebt: Auf dem hinteren Platz bei den Vertretern der Investmentbank, die dann auf Kopfnicken weiterklicken, auf einem Tischchen hinter den Präsentierenden, auf dem Sitzplatz einer Person aus dem Managementkreis.

Der richtige Platz
Dabei gibt es hier kein „so oder so" – sondern nur eine vernünftige Wahl: Stellen Sie den Laptop so auf, dass die Präsentierenden ihn während der Präsentation sehen können. Der Grund: Dann fehlt ein Anreiz, sich weg von den Zuhörern zur Leinwand umzudrehen und ins Nichts zu sprechen. Nutzen Sie in der PowerPoint-Ansicht die Notizfunktion, werden auch Notizzettel überflüssig. Dann funktioniert der Laptop wie der Souffleur im Theater – der übrigens auch zwischen Schauspielern und Publikum sitzt.

Der Standort des Laptops: Eine einfache Entscheidung, die einen großen Unterschied machen kann – und Ihnen hilft, sich auf Ihr Publikum zu konzentrieren und nicht auf den Bildschirm.

Die Beleuchtung anpassen

Licht an, Kopf hoch: Wer ist hier eigentlich der Star?

Was ist schlimmer, als wenn Ihr Publikum Ihre Folien kaum lesen kann? Richtig: Wenn es Sie kaum sehen kann!

Es passiert immer wieder: Präsentierende dimmen das Licht oder schalten es ganz aus, damit die Folien besser zu sehen sind. Die Idee dahinter ist löblich. Der Effekt? Ein Desaster!

Das Publikum will Sie erleben
Die entscheidende Frage ist: Wer oder was präsentiert hier eigentlich? Die Folien mit Ihrer Stimme aus dem Off? Oder Sie – unterstützt durch die Folien?

Wenn der Raum im Dunkeln liegt und alle auf die leuchtenden Folien starren, passiert vor allem eines: Ihr Publikum liest. Und hört vielleicht nebenbei, was Sie sagen. Aber mal ehrlich, wie viel schöner wäre es, wenn Ihre Zuhörer an Ihren Lippen hingen und die Folien nur als unterstützendes Beiwerk wahrnähmen?

Die Zuhörer wollen doch Ihre Energie, Ihre Begeisterung, Ihre Kompetenz sehen. Eine gute Präsentation lebt durch Sie. Die Folien? Die sind nur die Sidekicks, nicht der Hauptact.

Also, lassen Sie das Licht an, bringen Sie Ihre Persönlichkeit auf die Bühne, und machen Sie sich bewusst: Wenn die Folien allein überzeugen könnten, hätten Sie den Text auch einfach verschicken können, oder?

Passende Kleidung wählen

Kleider machen Leute, aber Ihre Präsentation ist keine Modenschau!

Erinnern Sie sich vielleicht noch an die Vereidigung von Joschka Fischer als hessischer Umweltminister? Mit seinen Turnschuhen sendete er eine klare Botschaft – eine, die über seinen Text hinausging.

Ähnlich verhält es sich mit Ihrer Kleidung während der Präsentation. Ob Sie nun online oder live vor Investoren stehen – Ihr Outfit sollte Professionalität und Vertrauenswürdigkeit ausstrahlen.

Wählen Sie ein Outfit, das zum Anlass passt – bei einer Investorenpräsentation also grundsätzlich etwas Seriöses – und zu Ihrer Branche. Das kann ein Anzug oder ein Kostüm sein, aber auch Hemd und Bluse mit Sakko und schicker Hose/Rock oder Kleid. Haben Sie ein Outfit mit Firmenlogo? Auch eine gute Idee, wenn es nicht gerade der Hoodie aus der letzten Werbeaktion ist.

Den Komfort nicht vernachlässigen
Achten Sie darauf, dass Ihre Kleidung gut sitzt und bequem ist. Wenn Sie sich nicht wohlfühlen, werden Sie sich kaum richtig auf Ihre Präsentation konzentrieren können. Wenn Sie Krawatten furchtbar finden: Es geht auch ein Hemd in Kombination mit einem Sakko oder – in der entsprechenden Branche – ein Rollkragenpullover. Und auch wenn Sie Mode lieben: Es ist nicht der richtige Zeitpunkt für neue Schuhe, die drücken, oder das neueste Trendteil.

Ihre Kleidung sollte Sie nicht ablenken, sondern die Aufmerksamkeit auf Ihre Präsentation lenken – professionell und dezent.

Den richtigen Probenort finden

Wo würden Sie ein Theaterstück proben?

Das mag sich banal anhören: Natürlich auf der Bühne, auf der das Stück auch vor Publikum aufgeführt wird. So weit, so klar.

Der richtige Probenort macht den Unterschied
Viele Managementpräsentationen werden jedoch irgendwo geprobt und nicht im Präsentationsraum. Dafür kann es verständliche Gründe geben, etwa weil der Raum gerade anderweitig genutzt wird, weil Sie sich die Kosten für einen externen Raum vorab sparen möchten oder weil häufige Präsentationen mit dem gesamten Managementteam zu auffällig wären, wenn nicht alle Mitarbeitenden eingeweiht sind.

Wichtig ist aber, dass das Training für die spätere Präsentation in der gleichen – oder zumindest in einer gut nachgestellten – Umgebung stattfindet. Alle Teilnehmenden sollten möglichst auf dem gleichen Platz und in der gleichen Ausrichtung zur Leinwand sitzen wie bei der späteren Präsentation.

Schaffen Sie Sicherheit auf der „Bühne"
Warum? Weil Sicherheit auf der Bühne oder im Präsentationsraum das A und O ist. Wer den Raum erst am Tag der Präsentation sieht, hat es schwer, weil alles ungewohnt ist. Wenn dagegen alle wissen, wo sie sitzen, wer neben wem steht, wen sie anschauen, welche Laufwege sie haben, wird das gesamte Team in seiner Performance deutlich überzeugender wirken.

Also: Proben Sie unter realen Bedingungen, damit Ihr Team bei der Präsentation wie ein eingespieltes Ensemble wirkt, und sich alle im Präsentationsraum sicher fühlen. So können Sie sich auf Ihre Inhalte konzentrieren und Ihre Präsentation mit voller Aufmerksamkeit und Überzeugungskraft vortragen.

Doch wie oft und wann sollten Sie eigentlich proben? Darüber gibt der folgende Abschnitt Auskunft.

Den Probenzeitpunkt bestimmen

Der richtige Zeitpunkt ist die halbe Miete

Es kommt immer wieder vor: Kurz vor der Managementpräsentation kommt die Frage auf, ob noch ein Training möglich ist. Natürlich lässt sich auch eine Woche vor den Präsentationen noch einiges erreichen. Vor allem Sicherheit bezüglich der zu erwartenden Situation, Klarheit über die Kernaussagen und die Inhalte.

Veränderung braucht Zeit
Die meisten Veränderungen im Verhalten und im Auftritt brauchen aber länger. Das kennen Sie sicher vom Sport oder vom Musizieren: Der Trainer, die Lehrerin sagte etwas – aber bis Sie das wirklich intus hatten und unbewusst abrufen konnten, hat es einfach einiges an Übung gebraucht.

Der Schlüssel zum Erfolg liegt deshalb darin, sich schon Wochen vor dem großen Termin mit der Präsentation zu befassen, auch wenn die Folien noch lange nicht fertig sind. Zu diesem Zeitpunkt geht es weniger um die konkreten Inhalte der einzelnen Kapitel als vielmehr darum, sich mit dem Setting vertraut zu machen und grundlegende Präsentationstechniken zu üben. Einige Folien aus dem Infomemo reichen bereits aus, um ein Gefühl dafür zu bekommen, worauf es ankommt, und die Präsentierenden in den richtigen Modus zu bringen.

In den letzten ein bis zwei Wochen vor den eigentlichen Präsentationen kann dann der Feinschliff auf einem ganz anderen Niveau erfolgen – mit nahezu fertigen Folien und einer klaren, selbstbewussten Darbietung.

Übungsgelegenheiten bieten sich im täglichen Arbeitsumfeld
Der große Vorteil? Wenn man früh genug anfängt, hat das Management genügend Zeit, das Gelernte zu verinnerlichen und seinen Auftritt zu verfeinern. Gewünschte Änderungen im Verhalten – seien es Pausen statt „Ähms", sei es eine bessere Betonung, sei es Blickkontakt statt des Blicks zur Leinwand, sei es die Fokussierung auf die wesentlichen Dinge beim Sprechen – kann das Management in vielen Gesprächen und Situationen im Zeitraum bis zu den Präsentationen immer wieder üben.

Genauso wesentlich, wie ein sicheres Auftreten: Das Management hat auch mehr Zeit, die Inhalte der Kapitel und Folien zu verinnerlichen und so zu beherrschen, dass es sie in einem hohen Maß souverän und authentisch rüberbringen kann.

Wer früh beginnt, vermeidet nicht nur den Stress kurz vor dem Start, sondern hat auch genügend Zeit, um die Präsentation zu perfektionieren. So wird der große Auftritt nicht zur Zitterpartie, sondern zu einer überzeugenden Performance, auf die das Management bestens vorbereitet ist.

Einen Dry Run durchführen

Die Generalprobe, die wirklich zählt!

Bevor es so richtig ernst wird, sollte jede Präsentation noch einmal durchgespielt werden. Ein Probelauf, der sogenannte Dry Run, ist Ihre Generalprobe – und wie bei einem richtigen Auftritt zählt hier jedes Detail.

Warum das Ganze? Nun, stellen Sie sich vor, Sie betreten die Bühne, alles läuft nach Plan, aber plötzlich stellen Sie fest: Die Präsentation dauert viel länger als geplant, der Übergang von einem Punkt zum nächsten ist holprig und die Reihenfolge passt nicht so richtig. Im schlimmsten Fall weiß keiner so genau, wer wann dran ist, und die Kernaussagen gehen im Trubel unter. Das Ergebnis? Ein Chaos, das Ihnen in der echten Präsentation teuer zu stehen kommen kann.

Der Dry Run hilft, diese Stolpersteine zu umgehen
Worauf sollten Sie achten?

- Dauer und Timing: Stimmen die Gesamtdauer und die Zeit für die einzelnen Abschnitte? Haben die Themen genügend Raum, ohne dass das Ganze zu langatmig wird? Achten Sie auf die Balance zwischen Konzentration und „Geschwätzigkeit" – jede Minute sollte produktiv genutzt werden.
- Der Ablauf: Geht die Präsentation flüssig und logisch von einem Thema zum nächsten über? Wiederholen sich Themen? Ist klar, wer wann spricht und wie die Übergänge zwischen den Personen sind? Ein flüssiger Aufbau hält das Publikum im Flow und sorgt dafür, dass der rote Faden nicht verloren geht.
- Kernaussagen: Sind alle wesentlichen Botschaften klar und prägnant formuliert? Niemand sollte sich während der Präsentation fragen: „Moment mal, was wollten die eigentlich gerade sagen?"
- Keine falschen Aussagen und negativen Formulierungen: Gibt es missverständliche oder zu pessimistische Aussagen? Diese können das Vertrauen der Zuhörer beeinträchtigen. Jetzt ist noch Zeit, die Formulierungen so abzustimmen, sodass sie für alle Seiten – Verkäufer, Banker und Management – stimmig sind.

Und noch ein Bonus: Der Dry Run gibt dem ganzen Team Sicherheit. Jeder weiß, was er zu tun hat, was die anderen sagen werden und wie die Präsentation insgesamt wirken wird.

So können Sie sicherstellen, dass am großen Tag nicht nur die Folien glänzen, sondern auch die Performance!

Übrigens: Auch für das Feedback beim Dry Run und davor gibt es wichtige Regeln. Welche das sind, erfahren Sie im nächsten Abschnitt.

Feedback geben

Tipps von anderen sind ja hilfreich, aber ...

Dieser Abschnitt richtet sich ausschließlich an diejenigen, die nicht selbst präsentieren, aber dennoch ein starkes Interesse am Erfolg der Präsentation haben: Investmentbanker und Eigentümer. Denn genau dieses „Aber" in der Überschrift kann oft den entscheidenden Unterschied ausmachen!

Präsentieren lernt man am besten, indem man es ausprobiert, Feedback bekommt und dann noch besser wird. Alle, die mir bisher begegnet sind, machen beim Präsentieren einiges gut – aber es gibt immer Raum für Verbesserungen.

Der Fokus auf Schwächen frustriert

Bei der Vorbereitung einer Managementpräsentation oder eines Fireside Chats taucht allerdings häufig das „Aber" auf. Zuhörer, die natürlich nur das Beste für die Präsentation wollen, geben dann oft nur negatives Feedback: „Hier war nicht klar, was gemeint war", „Das hätten Sie noch erwähnen sollen", oder „Das war zu detailliert".

Der Fokus auf das, was noch nicht so gut läuft, kann dann zu Frustration bei den Präsentierenden führen – das macht es oft noch schwieriger, effektiv an den Potenzialen zu arbeiten.

Positives und Verbesserungswürdiges gleichermaßen beleuchten

Deshalb mein Tipp: Schauen Sie beim Feedback auch auf das Positive – was läuft schon gut, was sind die Stärken der Präsentation? Wenn Sie diese herausstellen und dann auf die Punkte eingehen, die noch verbessert werden können, wird das Feedback nicht nur konstruktiver, sondern auch deutlich nützlicher!

Einen Technikcheck machen

Der Beamer bleibt schwarz, das Video läuft nicht – was jetzt?

Die Frage „Was jetzt?" ist wirklich schwierig – da ist wohl vorher etwas schiefgegangen. Bei wichtigen Präsentationen, also auch bei Managementpräsentationen und Fireside Chats, sind ein paar Minuten für einen Technikcheck mindestens eine Stunde vor dem Start wirklich gut investierte Zeit.

Denn die Wirkung auf die Investoren, wenn sich die Vertreter der Investmentbank und das Management im Hotel abwechselnd abmühen, die Technik zu Laufen zu bringen, ist erst einmal sehr schlecht. Da werden Sie sehr viel Chuzpe und Humor benötigen, um diesen ersten Eindruck umzudrehen.

Machen Sie einen Plan B
Überlegen Sie sich vorab, was alles schiefgehen könnte – und machen Sie einen Plan B: Sind die Geräte kompatibel (Laptop zu Beamer oder Fernseher sowie Anzeigemedium und Presenter)? Haben Sie eine zweite Lampe für den Beamer oder einen Ersatz-Beamer? Ersatzbatterien für den Presenter? Haben Sie die Telefonnummer des Technikverantwortlichen im Hotel? Sind ausreichend Steckdosen in der Nähe oder haben Sie alternativ genügend Mehrfachstecker dabei? Haben Sie einen zweiten Laptop mit der Präsentation oder diese auf einem USB-Stick dabei? Sind alle Software-Updates vorher erledigt? Falls Sie eine hybride Präsentation haben oder auf das Internet zugreifen möchten: Ist die Verbindung stabil? Zu guter Letzt: Haben Sie genügend Handouts dabei, falls alle Stricke reißen? (Siehe zu letztem Punkt auch den folgenden Abschnitt).

Wenn Sie diese Fragen im Vorfeld klären, ist die Wahrscheinlichkeit hoch, dass Sie keine technischen Pannen erleben – und vielleicht auch aus diesem Grund entspannter in die Präsentation starten.

Handouts parat haben

„Wir verteilen die Handouts erst am Schluss, sonst lesen die Investoren schon vorher alle relevanten Botschaften."

Nicht lachen; das habe ich tatsächlich manchmal gemacht. Zu meiner Verteidigung: Das ist Jahrzehnte her. Dabei gibt es kein einziges Argument für dieses Vorgehen, wenn man weiß, dass der Spannungsbogen nicht aus dem Inhalt kommt.

Investoren wollen oft während der Präsentation Notizen machen. Handouts sind dabei besonders hilfreich, denn sie bieten den Zuhörern eine klare Struktur, um wichtige Informationen festzuhalten und sich auf das Wesentliche zu konzentrieren. Verteilen Sie deshalb zu Beginn der Präsentation Handouts.

Bereiten Sie sich außerdem darauf vor, die Handouts auch als PDF zu verschicken – nämlich für diejenigen, die mit iPads oder ähnlichen Geräten zur Präsentation kommen und direkt darauf mitschreiben möchten.

Wissen, wer kommt

Gehen Sie manchmal zur Sneak Preview?

Früher habe ich das oft gemacht – es war spannend, nie zu wissen, welcher Film aus welchem Genre gezeigt wird. Aber kürzlich habe ich es wieder versucht und bin nach 20 Minuten wieder gegangen: Horrorfilme sind einfach nicht mein Ding.

Nicht zu wissen, was einen erwartet, mag bei der Planung eines Abends spannend sein, auch weil man nicht viel zu verlieren hat. Bei einer Managementpräsentation sieht die Sache ganz anders aus. Hier steht viel auf dem Spiel, und Ungewissheit ist der falsche Weg.

Deshalb bereiten M&A-Berater in der Regel ein Profil des Investors und der wichtigsten Personen vor. Dieses Profil enthält die Strategie des Investors und seine spezifischen Interessen im Hinblick auf den Unternehmenskauf sowie die Biografien der Beteiligten.

Vorbereitung auf die Besonderheiten des Investors

Mit diesen Informationen können Sie – Berater und Management – sich gemeinsam gezielt vorbereiten und die Präsentation gegebenenfalls anpassen. Wenn Sie zum Beispiel wissen, dass der Investor in einem bestimmten Bereich viel Erfahrung hat, können Sie ihm gezielt Fragen dazu stellen. Oder wenn bestimmte Themen für ihn besonders relevant sind, können Sie diese ausführlicher behandeln und andere weniger wichtige Themen kürzen.

So schaffen Sie einen Dialog, der mehr Austausch ermöglicht und die Präsentation für alle Beteiligten wertvoller macht.

Ihr Transfer in die Praxis

- Gestalten Sie den Präsentationsraum, ob vor Ort oder online, seriös und mit Bezug auf das Unternehmen.
- Setzen Sie sich selbst ins rechte Licht – mit passender Kleidung, guter Beleuchtung, richtigem Bildausschnitt bei Online-Präsentationen.
- Schaffen Sie eine angenehme Atmosphäre, da dies die Rezeption der Präsentation durch die Investoren positiv beeinflusst.
- Platzieren Sie sowohl die Investoren als auch Ihren Laptop optimal.
- Proben Sie rechtzeitig und in möglichst identischer Umgebung wie bei der tatsächlichen Präsentation.

5

Das A und O, Anfang und Ende der Präsentation

> **Was Sie aus diesem Kapitel mitnehmen**
> - Wie Sie schon beim Smalltalk einen positiven ersten Eindruck hinterlassen
> - Wie Sie sich so vorstellen, dass die Investoren wissen, dass Sie die richtige Person am richtigen Platz sind
> - Wie Sie Ihr Publikum schon beim Einstieg in die Präsentation begeistern und Framing gezielt einsetzen
> - Warum gute Fragen an die Investoren sinnvoll sind und helfen, einen Dialog auf Augenhöhe zu führen

Die Termine stehen, die Vorbereitung ist abgeschlossen. Doch der Erfolg einer Managementpräsentation hängt nicht nur von den Inhalten ab, sondern auch davon, wie Sie diese vermitteln und veranschaulichen – vom ersten Satz bis zur letzten Frage.

In diesem Kapitel geht es um die entscheidenden Momente: die Momente vor dem Start, den souveränen Einstieg und den kraftvollen Abschluss. Hier lernen Sie, sich als Expertin oder Experte zu positionieren, Vertrauen aufzubauen und Ihre Botschaften im Gedächtnis ihres Publikums zu verankern. Denn ein guter Einstieg und ein starker Abschluss sind mehr als eine Pflicht – sie sind Ihre Chance, die Zuhörerinnen und Zuhörer zu begeistern!

Die Investoren begrüßen

Kennen Sie Ihre Rolle: Hausherr sein

Der Raum ist bereit, Sie als Vertreter der Investmentbank oder des Managements sind schon da. Vielleicht nutzen Sie die Wartezeit noch, um offene Fragen zu klären, beispielsweise zur Due Diligence oder zum Zeitplan.

Dann betreten die Investoren den Raum. Es folgt das Händeschütteln und oft auch das Überreichen von Visitenkarten. Hier können Sie fast nichts falsch machen: Seien Sie offen und freundlich, stehen Sie aufrecht und selbstbewusst, dann haben Sie bereits einen guten Eindruck hinterlassen.

Smalltalk verbindet
Smalltalk vor der Präsentation lockert nicht nur die Atmosphäre auf, sondern ist auch eine gute Gelegenheit, gleich eine Beziehung zu den Investoren aufzubauen. Denn Smalltalk hilft dabei, die Gesprächspartner auf einer menschlichen Ebene zu erreichen.

Fragen Sie nach der Anreise, tauschen Sie sich über das Wetter oder ein gerade aktuelles, unverfängliches Thema aus. Vielleicht kennen Sie bereits jemanden aus dem Investorenteam oder haben gemeinsame Bekannte – auch das kann zu einem natürlichen Gespräch führen.

Die Beziehungen, die Sie bereits vor der Präsentation aufbauen, auch wenn sie noch sehr oberflächlich sind, helfen Ihnen, die Präsentation später in einer angenehmen Atmosphäre und mit mehr Selbstvertrauen durchzuführen.

Nichts persönlich nehmen
Ein Hinweis ist mir noch wichtig: Manchmal kann die Ankunft der Investoren auch anders verlaufen: hektisch oder schweigsam. Alle zusammen oder tröpfchenweise. Da ist wichtig: Nehmen Sie nichts persönlich!

Ein ganz extremes Beispiel habe ich selbst einmal erlebt. Ich war als M&A-Beraterin bei einer Managementpräsentation dabei, als ein Investorenteam von drei Personen kam. Sie waren während der Präsentation und der Betriebsbesichtigung auffallend still, stellten kaum Fragen und wirkten desinteressiert. Die Atmosphäre war gedrückt. Am Ende stellte sich heraus, dass sie kurz vor dem Meeting von einem schlimmen Ereignis erfahren hatten: Ein junger Kollege war gestorben. Natürlich waren sie aufgewühlt, traurig und mit ihren Gedanken kaum beim Thema. Warum erzähle ich das? Es zeigt, dass die Stimmung der Investoren oft mehr mit ihrem eigenen Umfeld zu tun hat als mit dem, was in Ihrer Präsentation passiert. Lassen Sie sich also nicht aus der Ruhe bringen!

Online Smalltalk machen

Eine Situation, die kaum jemand mag

Wir alle können uns wahrscheinlich angenehmere Situationen vorstellen als diese: Sie befinden sich bereits im Zoom- oder Teams-Meeting mit einem Investor, aber noch nicht alle Teilnehmer sind eingetroffen. Was tun?

Vorab: Am besten wird das Meeting so aufgesetzt, dass die Investoren zunächst in den Warteraum kommen und erst dann zugelassen werden, wenn alle vollständig anwesend sind.

Ist das aber nicht der Fall oder dabei etwas schiefgegangen und Sie sitzen doch in oben beschriebener Situation: Beginnen Sie am besten selbst mit dem Smalltalk, falls die anderen noch schweigen. Eine einfache Möglichkeit: Stellen Sie sich kurz vor. Zum Beispiel: *„Ich bin Barbara Mustermann und bei XY für den Vertrieb zuständig."* Die ausführliche Vorstellung folgt später, aber so weiß jeder sofort, wer Sie sind.

Danach können Sie mit freundlichen, unverfänglichen Fragen das Gespräch in Gang bringen. Solche Fragen sind beispielsweise:

- Hat mit der Verbindung alles geklappt?
- Wie ist das Wetter bei Ihnen?
- Haben Sie gerade viel zu tun?

- Kommt noch jemand aus Ihrem Team dazu?
- Was ist Ihre Rolle in diesem Prozess?

Meistens kommt man schnell ins Gespräch.

Wenn das Warten jedoch unangenehm wird, scheuen Sie sich nicht, dem Ausdruck zu verleihen mit einem Vorschlag: „Es scheint, als würde es noch eine Weile dauern, bis Herr X eintrifft. Wie wäre es, wenn wir uns vorübergehend stumm schalten und die Zeit nutzen, um vielleicht einen Kaffee zu holen oder ein paar E-Mails zu beantworten?" Achten Sie darauf, dass Sie das in einem freundlichen, entspannten Ton sagen – dann kommt der Vorschlag auch gut an.

Noch ein Tipp: Lächeln! Schon hier haben Sie die Möglichkeit, Sympathie zu erzeugen: Nutzen Sie sie.

Sich vorstellen

„Wer waren die beiden, die sich vorhin vorgestellt haben?" – „Sie segelt, und er hat vier Kinder."

Wenn nach Ihrer ein- bis zweiminütigen Vorstellung nur Nebensächlichkeiten im Gedächtnis geblieben sind, dann gibt es für Ihre Vorstellung noch Luft nach oben.

Meist liegt es daran, dass die beruflichen Stationen plus Hobby und Familienstand mit mehr oder weniger monotoner Stimme aufgezählt werden. Dem Zuhörer bleibt jetzt die Wahl, welcher Fakt ihm zufällig etwas prägnanter erscheint als die anderen.

Die richtige Person auf der richtigen Position
Viel sinnvoller ist es, wenn Sie schon bei der Vorstellung deutlich machen, warum Sie die richtige Person an der richtigen Position sind.

Mein Tipp: Bestimmen Sie vorab, welche Expertise in der konkreten Situation wichtig ist. Bei Managementpräsentation sind das in der Regel die ein bis drei Kernanforderungen Ihrer aktuellen Position. Überlegen Sie sich im zweiten Schritt, wo Sie diese Kenntnisse und Fähigkeiten erworben oder unter Beweis gestellt haben. Nun können Sie Ihren Lebenslauf so gestalten, dass Sie – durchaus chronologisch – diese Stationen hervorheben und jeweils die relevante Erfahrung oder Leistung ergänzen, gerne mit einem konkreten Beispiel.

Dann könnte der Anfangsdialog auch so klingen:

„Wer waren die beiden, die sich vorhin vorgestellt haben?" – „Sie ist CFO und kennt sich super mit Finanzierung und Steuern aus; er ist der CEO, er ist international aufgestellt und hat schon mehrere Unternehmen auf Wachstumskurs gebracht."

Fragen an die Investoren stellen

Der erste Eindruck zählt für beide Seiten

Vielleicht befürchten Sie als Management, dass die Managementpräsentation wie eine Show ist, bei der die potenziellen Käufer auf ihrem Thron sitzen, ein Glas Wasser in der Hand, bereit, die Performance zu bewerten? Dann haben Sie zum Glück weit gefehlt! Es ist vielmehr ein Dialog, ein gegenseitiges Kennenlernen. Und genau hier liegt der Haken – oder besser gesagt die Chance: Auch das Management darf Fragen stellen.

Der Investor ist nicht nur Zuschauer
Vergessen wir nicht: Auch der potenzielle Investor will sich im besten Licht präsentieren. Schließlich möchte er als Partner auf Augenhöhe wahrgenommen werden, als jemand, der dem Unternehmen Wachstum, Stabilität und eine rosige Zukunft bietet. Eine Frage wie: *„Wie sehen Ihre Pläne für die Zusammenarbeit aus?"*, oder *„Welche Erfahrungen haben Sie in unserem Marktsegment?"* hat zwei Vorteile: Erstens zeigt sie Interesse. Zweitens kann man so frühzeitig eine klare Haltung entwickeln – oder einen potenziellen Käufer direkt aussortieren.

Ein Beispiel aus der Praxis?
Gerne. Bei einer der Managementpräsentationen, die ich als M&A-Beraterin der Verkäuferseite begleitete, trat ein Finanzinvestor auf, der sich auf den ersten Blick vielversprechend präsentierte: schicke PowerPoint-Folien, wohlklingende Worte über Wachstum und Profitabilität.

Und dann fiel der Satz: „Wir greifen zum Teil auch operativ ein, damit das Unternehmen richtig gut läuft. Kurz nach unserem letzten Kauf von Firma ABC haben wir zwei von drei Managern ausgetauscht."

Man konnte fast hören, wie sich die Türen in den Köpfen des Managements schlossen. Mit einem Satz hatte sich der Investor selbst ins Abseits manövriert. Das Management war gegen ihn – und blieb es auch. Den Deal? Machte ein anderer.

Warum Fragen wichtig sind
Machen Sie sich als Management selbst ein Bild! Schließlich sind Sie es, die die Zusammenarbeit im Alltag spüren werden. Ein paar gut platzierte Fragen können Wunder wirken, um die Vorstellungen des Investors abzuklopfen:

- „Welche erfolgreichen Kooperationen hatten Sie in der Vergangenheit?"
- „Wie werden Sie unsere Kultur und unser Know-how integrieren?"
- „Welchen spezifischen Mehrwert können Sie unserem Unternehmen bieten?"
- „Welche Rolle spielt Nachhaltigkeit in Ihrer Investmentphilosophie?"
- „Wie sieht Ihre Entscheidungsfindung in kritischen Situationen aus, die unser Unternehmen betreffen könnten?"

Und ja, sollte die Antwort in Richtung „Wir tauschen zwei von drei Managern aus" gehen, dann ist es völlig legitim, sich innerlich ein großes rotes X vorzustellen.

Ein Dialog, kein Verhör
Das Ziel ist ein Gespräch auf Augenhöhe. Ein Dialog, in dem beide Seiten ihre Erwartungen, Ziele und Bedenken klären können. Und wenn der Investor ein kluger Stratege ist, wird er das zu schätzen wissen. Denn auch ihm ist klar: Ein engagiertes Managementteam, das sich mit dem Käufer wohlfühlt, ist Gold wert.

Trauen Sie sich also! Fragen Sie nach, hören Sie zu – und machen Sie sich ein Bild. Es ist Ihr Unternehmen, Ihre Zukunft, und vor allem: Ihr gutes Recht.

5 Das A und O, Anfang und Ende der Präsentation

Mit der Präsentation beginnen

Ich hätte jetzt einfach „Guten Tag, schön, dass Sie das lesen wollen" schreiben können

Aber – mal im Ernst – hätten Sie das wirklich lesen wollen? Trotzdem beginnen viele Präsentationen noch mit „Guten Tag, schön, dass Sie da sind" oder so ähnlich. Das ist natürlich nicht falsch, und wir sind so etwas ja auch gewohnt. Aber Sie werden es damit schwer haben, Ihre Zuhörer aus ihren Gedanken zu reißen und sie positiv auf die Präsentation einzustimmen.

Wie wäre es, stattdessen mit einem ungewöhnlichen Einstieg die Neugierde der Zuhörer auf Ihr Thema zu wecken? Praktisch: Mit einem gelungenen Einstieg fühlen Sie sich auch selbst besser und sicherer.

Dafür gibt es eine ganze Reihe von Möglichkeiten.

Inspirierender Einstieg des Investmentbankers

Vor der eigentlichen Managementpräsentation hat der Vertreter der Investmentbank die Gelegenheit, die Investoren willkommen zu heißen und die Bühne für das Managementteam vorzubereiten. Anders als beim Management ist ein kreativer Einstieg kein Muss, aber sehr zu empfehlen. Warum? Weil auch ein Investmentbanker mit den richtigen Worten sofort eine positive Grundstimmung erzeugen kann.

Ein gelungenes Beispiel:

> „Vor diesem Projekt dachte ich, Produkt X sei ein ganz simples Standardteil. Erst jetzt habe ich verstanden, wie komplex die Fertigung mit den unterschiedlichsten Kundenanforderungen ist. Und ich muss zugeben, ich bin wirklich beeindruckt, wie das Unternehmen diese Komplexität meistert und Jahr für Jahr immer wieder noch erstaunliche Innovationen entwickelt."

Mit solchen Worten weckt der Banker nicht nur die Aufmerksamkeit der Zuhörer, sondern bringt auch gleich den USP auf den Punkt. Dabei bleibt der Einstieg für ihn eine Option, keine Verpflichtung – die Hauptrolle spielt schließlich das Management.

Ein guter Einstieg: Für das Management fast ein Muss

Für das Managementteam sieht es anders aus: Hier ist ein gut durchdachter Einstieg mehr als nur eine nette Option – er ist die Basis, um das Publikum sofort zu fesseln und die Bühne souverän einzunehmen. Wer mit einem starken Einstieg beginnt, gewinnt Vertrauen und lenkt den Fokus auf das Wesentliche.

Hier einige erprobte Ansätze:

- **Eine einfache, fokussierende Frage:**
  „Warum sind wir im Markt für XY so erfolgreich? Das erfahren Sie in den nächsten zwei Stunden."
  Ideal, um das Publikum direkt ins Thema zu ziehen.
- **Ein inspirierendes Zitat oder ein Motto, vielleicht das des Unternehmens:**
  „,Daten sind das Herz des Erfolgs.' Dieses Motto inspiriert uns täglich, die besten Lösungen für datenbasierte Entscheidungen zu entwickeln."
- **Die Vision des Unternehmens:**
  „In fünf Jahren wollen wir die führende Plattform für intelligentes Energiemanagement sein und unseren Kunden helfen, ihre CO_2-Emissionen um 25 % zu senken. Wie wir das erreichen wollen, erfahren Sie in den nächsten zwei Stunden."
- **Einzigartigkeit und Marktpositionierung:**
  „Was uns auszeichnet, gleich vorweg: Wir sind der einzige Anbieter einer modularen Plattform für das Logistikmanagement. Über 300 Kunden profitieren von unserer flexiblen Lösung."
- **Die drei Stärken des Unternehmens:**
  „Unsere drei Stärken: technologiegetriebene Innovation, hohe Kundenzufriedenheit und flexible Anpassungsfähigkeit. Wir glauben, dass wir damit ein guter Partner für Unternehmen sind, die Wert auf Wachstum legen."
- **Herzlichkeit und Wertschätzung – sofern es keine Floskel ist, sondern Sie es von Herzen rüberbringen können:**
  „Willkommen! Schön, dass Sie hier sind. Wir freuen uns darauf, Ihnen zu zeigen, wie unser Know-how und unsere Innovationen nachhaltige Werte schaffen."

Darüber hinaus gibt es noch viele weitere Möglichkeiten für einen unterhaltsamen und neugierig machenden Einstieg: ein Beispiel, eine Anekdote, ein Scherz, akustische oder optische Effekte, ein Bezug zu aktuellen Nachrichten und so weiter. Der Kreativität sind hier keine Grenzen gesetzt.

Praxistipp: Auch wenn Sie selbst nicht mit der Präsentation beginnen: Finden Sie auf dieselbe Weise einen guten Einstieg in Ihren Teil der Präsentation!

Warum das Management nicht auf einen guten Einstieg verzichten sollte
Das Managementteam trägt die Hauptlast der Präsentation. Ein starker Einstieg ist nicht nur ein Zeichen von Professionalität, sondern auch eine Chance, die Aufmerksamkeit der Zuhörer sofort zu gewinnen. Während der Investmentbanker das Publikum einstimmen kann, muss das Managementteam überzeugen.

Mit den richtigen Worten und einer authentischen Ansprache geben Sie den Ton an – und schaffen die Grundlage für eine erfolgreiche Präsentation.

Zwischenfragen zulassen

„Bloß keine Zwischenfragen, die bringen nur das Drehbuch durcheinander!" – Wirklich?

Sie ahnen es schon: Ich bin dafür, Fragen ausdrücklich zuzulassen. Dafür gibt es viele überzeugende Gründe – hier sind vier besonders wichtige:

- **Fragen zeigen Interesse**
  Stellen Sie sich vor, alle sitzen still und hören passiv zu – irgendwann fühlt es sich an, als sprächen Sie gegen eine Wand. Fragen signalisieren, dass Ihre Zuhörerinnen und Zuhörer aktiv dabei sind, sich mit dem Thema auseinanderzusetzen und das Gesagte aufzunehmen.

- **Fragen helfen, Unklarheiten zu beseitigen**
  Wenn ein Zuhörer eine Frage hat, kann es sein, dass er einen Teil nicht richtig verstanden hat. Solange diese Unklarheit besteht, wird er Ihnen wahrscheinlich nicht mit voller Aufmerksamkeit folgen können. Sobald die Frage beantwortet ist, kann er wieder voll konzentriert zuhören.
- **Fragen beleben Ihren Vortrag**
  Eine andere Stimme zwischendurch ist eine willkommene Abwechslung. Eine Frage regt nicht nur Sie, sondern auch Ihr Auditorium zum Nachdenken an und macht die Präsentation dynamischer. Denn ein Dialog ist spannender als ein Monolog.
- **Fragen fördern positive Emotionen und Akzeptanz**
  Wenn sich Zuhörerinnen und Zuhörer gehört fühlen, steigert das ihr Wohlbefinden. Positive Emotionen tragen dazu bei, dass sie offen und aufnahmebereit für neue Ideen oder Informationen sind – ein klares Plus für Ihre Präsentation.

Fazit: Wann immer es das Drehbuch zulässt, ermutigen Sie Ihr Publikum zu Beginn der Präsentation, Fragen zu stellen. So bleibt die Präsentation nicht nur lebendig, sondern es entsteht auch ein echtes Gespräch.

Bevor wir uns in den nächsten Kapiteln der Performance während der Präsentation zuwenden, schließen wir an dieser Stelle noch den Bogen vom Einstieg in die Präsentation und wenden uns im nächsten Abschnitt dem Abschluss zu.

Die Präsentation beenden

„Schön, dass Sie nicht eingeschlafen sind!"

Das ist ein zugegebenermaßen etwas ketzerisches Synonym für „Danke für die Aufmerksamkeit". Stellt man sich am Ende der Präsentation die Frage, wer gerade etwas geleistet hat und wer folglich wem dankbar sein sollte, fällt die Antwort hoffentlich zugunsten der vortragenden Person aus. Also sollten sich doch besser die Zuhörer für die Präsentation bedanken.

5 Das A und O, Anfang und Ende der Präsentation

Aber das führt jetzt in die falsche Richtung. Schauen wir lieber, was Sie am Ende Ihrer Präsentation sagen könnten. Dabei hilft sicher das Wissen, dass der letzte Satz oder Absatz, gut betont, besonders gut im Gedächtnis der Zuhörer bleibt. Generell heißt das: Denken Sie an das Ziel Ihrer Präsentation: Sollen die Zuhörerinnen und Zuhörer etwas Neues wissen? Oder etwas tun? Dann geben Sie Ihren Zuhörern den Appell und gleichzeitig die „Bedienungsanleitung" mit, was sie mit dem Gehörten tun sollen.

Den richtigen Abschluss finden
Speziell bei Investorenpräsentationen stellen Sie sich noch einmal die Fragen: Was zeichnet Ihr Unternehmen aus? Was ist der USP? Wie wird sich das Unternehmen entwickeln? Daraus ergeben sich oft schon gute Abschlüsse.
Zum Beispiel:

- *„Mit unserer einzigartigen Produktpalette, der hohen Kundenzufriedenheit und der Flexibilität, auf individuelle Bedürfnisse einzugehen, sind wir bestens aufgestellt, um die Chancen zu nutzen, die uns die Zukunft bietet."*
- *„Unsere drei Kernargumente – herausragende Qualität, innovative Lösungen und exzellenter Kundenservice – sind die Basis unseres Erfolgs. Wir freuen uns darauf, diese Stärken weiter auszubauen."*
- *„Zusammengefasst stehen wir für kontinuierliche Innovation, strategische Partnerschaften und eine klare Vision für nachhaltiges Wachstum."*
- *„Mit unserem klaren Fokus auf Effizienz, Flexibilität und Kundenzufriedenheit sind wir bereit, neue Maßstäbe in unserer Branche zu setzen."*

Alternativ können Sie auch den potenziellen Käufer mit einbeziehen.

- *„Wir glauben an unsere Vision und unser Wachstumspotenzial; und wir freuen uns darauf, dieses gemeinsam mit Ihnen zu realisieren."*
- *„Wir sind begeistert von der Zukunft und der Rolle, die Sie bei unserem Erfolg spielen können. Lassen Sie uns gemeinsam außergewöhnliche Ergebnisse erzielen."*

Die Betonung macht das Ende
Damit auch wirklich jeder merkt, dass die Präsentation zu Ende geht, betonen Sie den letzten Satz auch als letzten Satz. Das bedeutet: Sprechen Sie langsam und prägnant, senken Sie zum Abschluss die Stimme und machen Sie eine deutliche Wirkpause, bevor Sie zum nächsten Thema übergehen oder zu Fragen auffordern.

In diesem Sinne: Um Ihre Präsentationsziele noch besser zu erreichen, verwenden Sie ab sofort aussagekräftige Schlusssätze!

Für das Ende gilt dasselbe wie für den Einstieg: Auch wenn Sie nicht selbst die Präsentation beenden, finden Sie auf dieselbe Weise ein gutes Ende für Ihren Teil der Präsentation!

Ihr Transfer in die Praxis

- Stellen Sie sich so vor, dass klar wird „Hier sitzt die richtige Person am richtigen Platz", indem Sie Ihre Expertise in den relevanten Punkten herausstellen.
- Überlegen Sie sich, was Sie von den potenziellen Investoren wissen wollen, und stimmen Sie die Fragen gerne vorab im Team ab.
- Überlegen Sie sich einen neugierig machenden Einstieg und einen guten Abschluss – für die Präsentation insgesamt oder auch für Ihren Präsentationsteil.

6
Die Kunst, Inhalte überzeugend zu vermitteln

> **Was Sie aus diesem Kapitel mitnehmen**
> - Wie Sie mit der Storyline Klarheit schaffen und mit Storytelling Begeisterung entfachen
> - Wie Sie auch vermeintlich trockene Themen lebendig präsentieren
> - Wie Sie Ihr Publikum begeistern, ohne unrealistische Erwartungen zu wecken

Die Unterlage steht – aber wie bringen Sie die Fakten überzeugend an die Frau und den Mann?

Nutzen Sie dafür Storytelling und finden Sie Wege, sich selbst von den Inhalten zu begeistern und zu überzeugen. Überzeugen Sie mit Leidenschaft und Authentizität und bauen Sie so Glaubwürdigkeit und Vertrauen auf. In diesem Kapitel finden Sie auch Tipps, wie Sie Zahlen lebendig und vermeintlich trockene Themen spannend machen. Lernen Sie, sich und Ihr Unternehmen überzeugend zu präsentieren – mit der richtigen Mischung aus Enthusiasmus und Realismus.

Geschichten erzählen

Was denn jetzt – Storytelling oder Storyline?

Wenn Sie sich fragen, wie Sie Ihre Zuhörerinnen und Zuhörer fesseln können, dann ist die Antwort klar: beides!

Die **Storyline** ist der rote Faden Ihrer Präsentation – die Struktur, die Ihrem Publikum Orientierung bietet. Sie spricht den Verstand an und sorgt dafür, dass die Inhalte klar und verständlich sind.

Storytelling hingegen sind die spannenden Geschichten, Beispiele und Anekdoten, die Emotionen wecken. Sie transportieren Ihre Botschaft, begeistern Ihr Publikum und sorgen dafür, dass Ihre Inhalte lange im Gedächtnis bleiben.

Die Kombination macht den Unterschied
Besonders bei Managementpräsentationen kommt es auf die Kombination beider Elemente an. Warum? Weil Ihr Publikum die Fakten oft schon kennt. Die Zuhörer erwarten eine Bestätigung der Informationen, interessieren sich aber besonders für die Geschichten und Beispiele hinter den Zahlen.

Natürlich können und sollen Sie beim Thema Innovation die neuen Produktentwicklungen zeigen. Aber vielleicht haben Sie auch eine Geschichte dazu, wie beispielsweise: *„Und da sah ich an dieser Tür eine Frau, die sich abmühte, den Ärmel über die Hand zu ziehen, um damit den Knopf zu bedienen. Da kamen wir auf die Idee, hier Lichtsensoren einzusetzen."*

Natürlich können und sollen Sie beim Umsatzwachstum die Zahlen nach Ländern und Produktgruppen darstellen. Aber vielleicht gibt es auch eine Geschichte, die Ihre Zahlen zum Leben erweckt, wie: *„Unser Vertriebsteam in Asien war entmutigt: Unsere Produkte kamen einfach nicht an. Dann schlug unser Designteam einen mutigen Schritt vor – die Zusammenarbeit mit einem lokalen Designer, der die Vorlieben der Kunden besser verstand. Gemeinsam entwickelten wir ein Produkt, das Tradition mit unserer modernen Technologie verband. Die Markteinführung war ein Risiko, aber die Resonanz war überwältigend: Wir haben nicht nur den Markt erobert, sondern auch unser Geschäft nachhaltig verändert."*

Eine solche Geschichte zeigt den Weg hinter den Zahlen – und wird Ihr Publikum mitreißen.

Erreichen Sie Kopf und Herz
Stellen Sie sich das wie ein Textilgewebe vor: Die Storyline sind die Kettfäden – sie geben dem Ganzen Stabilität und Struktur. Das Storytelling hingegen sind die Schussfäden – sie bringen Farbe, Muster und Leben ins Spiel.
Das Ziel ist eine Präsentation, die beides vereint: eine klare Struktur und emotionale Geschichten. So schaffen Sie nicht nur Orientierung, sondern auch Begeisterung – und bleiben Ihrem Publikum nachhaltig im Gedächtnis.
Denken Sie daran: Fakten überzeugen den Kopf, Geschichten erreichen das Herz. Beide zusammen sind unschlagbar.

Hinter den eigenen Worten stehen

Glauben Sie selbst, was Sie sagen?

Unsere Körpersprache verrät oft mehr, als wir denken. Auch wenn die Worte perfekt gewählt sind, merkt das Publikum schnell, wenn Sie innerlich nicht voll hinter dem stehen, was Sie sagen.

Körpersprache lügt nicht
Warum ist das so? Ganz einfach: Körpersprache lässt sich kaum „vorspielen" – selbst Schauspieler üben sie jahrelang. Im Geschäftsleben zählt aber nicht die Inszenierung, sondern die Überzeugung. Entscheidend ist, dass Sie wirklich an Ihre Botschaft glauben – denn genau das zeigt sich unweigerlich in Ihrer Körpersprache.

Authentisch formulieren
Deshalb ist es entscheidend, dass Management und Investmentbank gemeinsam Formulierungen entwickeln, die sowohl zuversichtlich als auch authentisch sind. Nur wenn Sie als Präsentierende hinter der Präsentation stehen und an die Botschaft glauben, wird Ihre Körpersprache diese Überzeugung widerspiegeln – und das Publikum erreichen.
Ein Beispiel: Das Management tut sich vielleicht schwer mit der Aussage: *„Bei der neuen Produktlinie werden wir im nächsten Jahr den Umsatz verdoppeln."*, weil es das zwar hofft, aber Versprechungen für die Zukunft problematisch findet.

Nun steht die Verdopplung schon in der Planung. Weniger Wachstum anzukündigen, ist da keine Lösung. Da hilft es, den Sachverhalt anders zu formulieren. Vielleicht kann das Management damit besser leben: *„Unsere neue Produktlinie soll den Umsatz im ersten Jahr verdoppeln. Wir sind überzeugt, dass die Marktresonanz und unsere eingeleiteten Maßnahmen dieses Wachstum unterstützen werden."*

Ihre Überzeugung überträgt sich
Denn: Wenn Sie selbst an das glauben, was Sie sagen, glauben es auch Ihre Zuhörerinnen und Zuhörer. Ihre Körpersprache wird zum natürlichen Verstärker Ihrer Worte und trägt entscheidend dazu bei, dass Ihre Botschaft in den Köpfen und Herzen der Zuhörer ankommt.

Weniger spannende Themen präsentieren

„Und jetzt kommen wir zum langweiligen Teil, den Zahlen."

Auweia – jetzt können Sie sicher sein, dass auch der letzte Teilnehmer die Lust am Zuhören schon verloren hat, noch bevor Sie richtig angefangen haben.

Die Aussage ist sicher gut gemeint, hilft aber den Zuhörern nicht. Höchstens Ihnen selbst, weil Sie Desinteresse hinterher auf das Thema schieben können. Aber wie wäre es, wenn das Publikum Ihnen trotz des Themas gespannt folgen würde?

Ich nahm einmal eine ganze Woche an einer Ausbildung zur Selbstverteidigungslehrerin teil. Ausgerechnet am Samstagvormittag – am Morgen nach dem fröhlichen Abschiedsabend mit der Gruppe – war Theorie angesetzt. Genauer gesagt: die rechtlichen Hintergründe. Was konnten wir da schon erwarten? Dachten wir. Doch dann machte der Referent seinen Vortrag mit konkreten Beispielen und witzigen Bemerkungen so spannend, dass es richtig Spaß machte und ihm die Aufmerksamkeit von uns allen sicher war. Meine Erkenntnis: Jedes Thema lässt sich spannend präsentieren!

6 Die Kunst, Inhalte überzeugend zu vermitteln

Denkanstöße für Präsentierende: Wie wird „langweilig" spannend?
Wie machen Sie also am besten Ihr vermeintlich trockenes Thema spannend? Überlegen Sie sich vorher, was Sie begeistert, was unerwartet ist und was die Zuhörer eben trotz aller Vorbereitung noch nicht wissen oder verstehen – bei Managementpräsentationen sollten das natürlich grundsätzlich positive Aussagen sein.

Vielleicht stellen Sie dann plötzlich fest: „Oh, ich habe ja etwas zu erzählen!". Das würzen Sie mit praktischen Beispielen und vielleicht mit Geschichten, die Sie selbst erlebt haben. Spätestens jetzt können Sie sich bestimmt selbst für Ihr Thema begeistern. Und damit auch Ihre Zuhörerinnen und Zuhörer.

Die Kunst, das Interesse zu wecken – auch mit Zahlen und Fakten
Nehmen wir als Beispiel die Unternehmenshistorie. Denn häufig enthalten Managementpräsentationen eine Folie zur Unternehmenshistorie, die einerseits die gesellschaftliche Entwicklung wie Zukäufe und Eigentümerwechsel und andererseits besondere Innovationssprünge zeigt. Ich habe oft erlebt, dass das Management im ersten Durchlauf die Fakten der Reihe nach berichtet. Das kann schnell langweilig werden, weil die Zuhörerinnen und Zuhörer nicht erkennen, was wirklich wichtig ist. Überlegen Sie sich deshalb vorher: Was ist der verbindende Faktor von all dem, was davon ist auch für die Zukunft wichtig? Was ist spannend? Vielleicht fangen Sie dann so an: *„Wenn Sie mich vor ein paar Jahren nach unserem Geschäftsmodell gefragt hätten, hätte ich noch etwas ganz anderes gesagt. Sie sehen hier die lange Reihe der Produktentwicklungen seit der Gründung. Und da sind großartige Entwicklungen dabei, wir waren oft Technologieführer. Aber erst nachdem wir aus dem Konzern XY rauswaren, haben wir aus den Produkten und dem Service ein Plattformangebot gemacht. Jetzt verkaufen wir nicht mehr einzelne Produkte, sondern haben langfristige Verträge ..."*

Ein weiteres Beispiel zur Absatzentwicklung – vergleichen Sie einfach diese beiden Varianten:

Variante A: *„Hier sehen Sie unsere Absatzentwicklung nach Produktgruppen. Bei Gruppe A haben wir vor acht Jahren 18.300 Stück verkauft, heute sind es 41.200. Bei Gruppe B ..., bei Gruppe C ...."*

Variante B: *„Wir haben unseren Gesamtabsatz nach Stückzahlen in nur acht Jahren mehr als verdoppelt! Und das über alle Produktgruppen gleichermaßen ..."*

Der Schlüssel liegt letztlich in Ihrer Einstellung: Wenn Sie selbst begeistert sind, können Sie auch andere begeistern – selbst bei vermeintlich trockenen Themen. Sehen Sie Ihre Präsentation nicht nur als Informationsvermittlung, sondern als Chance, Ihre Leidenschaft für das Unternehmen und seine Erfolge zu teilen. Denn wer mit Leidenschaft spricht, wird gehört. Und wer gehört wird, überzeugt.

Balance zwischen Enthusiasmus und Realismus finden

Zeigen Sie Leidenschaft, ohne übertriebene Erwartungen zu wecken.

Können Sie sich eine prägnantere Verkörperung von Enthusiasmus vorstellen als einen Marktschreier? „Komm, ich werd' zwar arm dabei, aber für die 5 € lege ich zur Salami noch zwei Leberwürste dazu. Und weil heute Sonntag ist, auch noch eine Mettwurst …". Früher waren diese unterhaltsamen Typen auf allen Stadtteilfesten und Weihnachtsmärkten anzutreffen – und verkauften ihre Waren mit Erfolg.

Auch wenn das nicht die ideale Methode für einen Unternehmensverkauf ist: Investoren wollen auch bei Managementpräsentationen Enthusiasmus spüren. Sie erwarten, dass das Management für das Unternehmen brennt. Schließlich soll das Führungsteam die Mitarbeiterinnen und Mitarbeiter zu Höchstleistungen motivieren und dabei selbst mit gutem Beispiel vorangehen. Keine Frage, Begeisterung ist gefragt.

Interessenkonflikt zwischen Management und Verkäufern
Doch genau hier lauert ein Interessenkonflikt, der dem Unternehmensverkauf inhärent ist: Während Verkäufer oder Investmentbanken das Unternehmen möglichst strahlend und positiv darstellen möchten, um es für Investoren besonders attraktiv zu machen, ist das Management oft zurückhaltender. Warum? Weil es die gemachten Versprechungen später auch einhalten muss. Wer zu viel verspricht, läuft Gefahr, später enttäuschen zu müssen – eine Situation, die sowohl intern als auch extern Schaden anrichten kann.

Dieser Konflikt ist nicht nur nachvollziehbar, sondern auch ein heikler Balanceakt. Management und Verkäufer sollten daher bereits im Vorfeld eng zusammenarbeiten, um eine Darstellung zu entwickeln, die ambitioniert und glaubwürdig ist.

Authentische Begeisterung überzeugt mehr als Übertreibung
Bei aller Begeisterung geht es also darum, realistisch zu bleiben und nicht das Blaue vom Himmel zu versprechen. Stellen Sie als Management Erfolge enthusiastisch dar und heben Sie diese klar hervor. Verschweigen Sie aber nicht mögliche Problemfelder oder die manchmal steinigen Wege, die zu den Erfolgen geführt haben.

Ein intelligenter Investor erkennt übertriebene Schönfärberei ohnehin. Und genau das kann zu Misstrauen führen – der denkbar schlechteste Ausgang für eine Präsentation.

Die Mischung macht's
Auf die richtige Mischung kommt es also an: leidenschaftlich im Ton, aber realistisch in den Fakten. Begeisterung zeigt sich nicht im inflationären Gebrauch von Superlativen oder in blumigen Übertreibungen. Sie zeigt sich in der glaubwürdigen Überzeugung, mit der das Management hinter dem Unternehmen steht.

Und vergessen Sie nicht: Sie verkaufen keine Salami. Ihre Investoren suchen keine übertriebenen Versprechungen, sondern ein spannendes Investment – und das braucht Leidenschaft, gepaart mit einem glaubwürdigen Blick auf die Realität.

Selbstsabotage vermeiden

„Es tut mir leid, ich hatte leider zu wenig Zeit, um diesen Abschnitt gut zu formulieren!"

Wenn ich das schriebe, hätten Sie dann noch Lust weiterzulesen? Sicher nicht. Aber ich habe das tatsächlich schon bei Präsentationen erlebt, zum Beispiel: „Leider hatte ich nicht genug Zeit, um mich richtig vorzubereiten." Vielleicht in abgeschwächter Form: „Das Bild auf der

Folie ist leider zu klein, um alles zu erkennen", „Das ist gar nicht so ganz mein Thema" oder „Leider haben wir heute nicht die Zeit, alle wichtigen Punkte anzusprechen".

Die Wirkung solcher Bemerkungen ist fatal, denn solche Aussagen lösen bei Ihren Zuhörerinnen und Zuhörern vor allem eines aus: Enttäuschung.

Der Wahrnehmungsfilter: Was Sie sagen, bestimmt, worauf Ihr Publikum achtet
Darüber hinaus gibt es noch einen zweiten Effekt: Die Zuhörer werden ihre Wahrnehmung in der Folge bewusst auf Dinge richten, die diese Aussage bestätigen.

Das liegt am Wahrnehmungsfilter, von dem Sie sicher schon gehört haben:

- Wenn wir überlegen, ein bestimmtes Auto zu kaufen, sehen wir es plötzlich überall.
- Wenn wir uns mit dem Thema Nachwuchs beschäftigen, sehen wir mehr schwangere Frauen und Kinderwagen.

So funktioniert auch der Wahrnehmungsfilter in einer Präsentation. Sagen Sie: *„Das Bild ist zu klein"*, konzentrieren sich die Zuhörer genau auf die unlesbaren Details. Erwähnen Sie: *„Ich bin etwas nervös"*, achten sie unweigerlich auf jedes Anzeichen von Unsicherheit. Dinge, die sonst unbemerkt oder unbewusst geblieben wären, rücken in den Fokus.

Vermeiden Sie unnötige Hinweise auf Fehler
Viele kleine Missgeschicke bleiben unbemerkt, wenn Sie sie nicht selbst thematisieren. Bei einem „Oh, jetzt ist mir der Stift runtergefallen." oder „Äh, jetzt habe ich eine Seite zu weit geklickt." rücken Sie den Fauxpas nur unnötig ins Rampenlicht. Die Hälfte der Zuhörer hätte ihn gar nicht gesehen und die andere Hälfte nicht bewusst wahrgenommen.

Der Effekt in all diesen Fällen: Mit jeder vermeidbaren negativen Bemerkung über unsere Präsentation werden wir als weniger kompetent wahrgenommen. (Okay, wenn der Beamer ausfällt, müssen Sie darüber reden).

Fazit: Souveränität statt Selbstkritik
Gewöhnen Sie sich an, Fehler nicht unnötig hervorzuheben, und vermeiden Sie vorsorgliche Entschuldigungen. Konzentrieren Sie sich darauf, die Aufmerksamkeit Ihres Publikums auf die Stärken Ihrer Präsentation zu lenken – und behalten Sie die Kontrolle über den Wahrnehmungsfilter.

Zahlen präsentieren

„Hier in dieser Tabelle sehen Sie viele Zahlen ..."

Zahlen allein sagen wenig aus – es kommt darauf an, wie Sie sie präsentieren. Selbst die überzeugendste Equity Story wirkt blass, wenn die Zahlen die gewünschte Botschaft nicht unterstützen. Umgekehrt können gut präsentierte Zahlen ein starkes Argument für Ihr Unternehmen sein. Zahlen gut zu präsentieren, bedeutet, dass Sie nicht nur die Fakten, sondern auch deren Bedeutung vermitteln – und damit die Investoren vom Unternehmen, den Zahlen und gleichzeitig von Ihrer eigenen Kompetenz überzeugen.

Um dies zu erreichen, beantworten Sie sich zwei entscheidende Fragen: Welche Botschaft will ich vermitteln? Welche Zahlen muss ich dafür benennen oder erklären?

Welche Botschaft will ich vermitteln?
Welche Geschichte wollen Sie erzählen? Geht es um Wachstum? Um die Steigerung des Ergebnisses? Oder um beides? Um eine überwundene Krise? Was ist die jeweilige Begründung? Diese Punkte sind sicher schon in der Präsentation thematisiert worden. Genau das sollen die Investoren in den Finanzzahlen wiederfinden. Wählen Sie die Daten aus, die Ihre Aussagen belegen. Am besten sind die Zahlen grafisch aufbereitet. Aber auch wenn Sie, warum auch immer, vor einer Zahlenwüste stehen: Sie entscheiden ja, welche Zahlen davon Sie präsentieren, damit die Story passt.

Möchten Sie eine Wachstumsstory verkaufen, dann visualisieren und erläutern Sie Umsatzzuwächse und Marktanteilsgewinne. Dabei kann es hilfreich sein, nicht nur Ihre eigenen Zahlen zu betrachten, sondern diese auch in Relation zur Branche oder zum Wettbewerb zu setzen.

Geht es um die Verbesserung der EBITDA-Marge, stellen Sie diese zunächst dar und erläutern Sie dann, welche Maßnahmen zu welchen Verbesserungen bereits geführt haben und führen werden.

Beispiel: *„Schauen wir uns nun die Entwicklung unserer EBITDA-Marge an. Wie Sie sehen können, ist die Marge im letzten Jahr von X Prozent auf Y Prozent gestiegen. Diese Verbesserung haben wir vor allem durch die Optimierung unserer Produktionsabläufe erzielt. Konkret haben wir durch die Einführung neuer Automatisierungstechnologien die Effizienz in der Fertigung um Z Prozent gesteigert. Darüber hinaus haben wir unseren Einkauf zentralisiert, wodurch wir unsere Materialkosten deutlich senken konnten, was nochmals Z Prozent der Marge ausmacht. Mit diesen Maßnahmen haben wir unsere Kostenstruktur erheblich verbessert. Wir erwarten, dass diese Initiativen auch in den kommenden Jahren zu einer weiteren Verbesserung der Marge führen werden."*

Welche Zahlen muss ich benennen oder erklären?

Es gibt Zahlen, um die man in einer Präsentation nicht herumkommt. Umsatz, EBITDA und EBIT der vergangenen Jahre und der Planjahre können nicht unterschlagen werden – auch wenn sie nicht zu der Botschaft passen, die Sie vermitteln wollen.

Das gilt auch für augenfällige Veränderungen, die dem Publikum sofort auffallen müssten. Würden Sie diese nicht erwähnen, entstünde im schlimmsten Fall der Eindruck, hier solle etwas unter den Teppich gekehrt werden.

Hier ist die beste Strategie: Selbstbewusst darauf eingehen und die Lösung des Problems erklären. Da diese Zahlen nicht zu viel Aufmerksamkeit auf sich ziehen sollen, ist es klug, sie hauptsächlich auf der Tonspur zu erläutern. Ein Diagramm würde hier zu viel Aufmerksamkeit auf ein mögliches Problem lenken. Falls es aber eine Datenreihe gibt, die zum Beispiel einen Umsatzrückgang als vorübergehenden Ausreißer klassifiziert, dann ergibt eine Grafik wieder Sinn.

Beispiel: Stellen Sie sich vor, Ihr Unternehmen hatte in den letzten Jahren mit schwankenden Ergebnissen zu kämpfen. Sie können das so ansprechen: *„Vor zwei Jahren ging ein Wettbewerber insolvent. Wir hatten einige Ware auf Lager und konnten so überproportional davon profitieren.*

Im Jahr darauf wurde dieser Wettbewerber aufgekauft und sozusagen "reanimiert", wodurch sich unser Umsatz wieder normalisiert. Dies erklärt den vermeintlichen Umsatzrückgang von 11 %. Tatsächlich sind wir über die zwei Jahre durchschnittlich um immerhin 3,5 % pro Jahr gewachsen." Solche konkreten Beispiele helfen, Zahlen in den Gesamtzusammenhang der gesamten Geschichte einzuordnen und die Zusammenhänge verständlicher zu machen.

Ist dagegen etwas wirklich schlecht gelaufen, erklären Sie, was Sie unternehmen werden und bereits unternommen haben – dazu mehr im nächsten Abschn. „Probleme ansprechen".

Konzentrieren Sie sich auf Ihre Botschaft
Der Schwerpunkt sollte auf der ersten Frage liegen: Das Wichtigste sind die Botschaft und die Geschichte, die Sie erzählen wollen. Mit dem zweiten Ansatz halten Sie sich selbst den Rücken frei und nehmen kritischen Fragen gleich den Wind aus den Segeln.

Mit einer guten Mischung aus beiden Ansätzen sind Sie gut und sicher aufgestellt.

Probleme ansprechen

Probleme? Was für Probleme?

In einer Managementpräsentation werden Sie nicht um die Frage nach aktuellen Herausforderungen und Problemen herumkommen.

Investoren wollen wissen, wie das Management mit Schwierigkeiten umgeht. Grundsätzlich geht es hier nicht darum, alle möglichen Schwierigkeiten aufzuzählen, sondern die wesentlichen, die relevanten. Dabei kommt es weniger darauf an, dass Sie eine rosarote Perspektive präsentieren, sondern auf Ihre Souveränität und Lösungsorientierung. Wenn Sie bereits in den Unterlagen transparent auf Risiken und Probleme eingegangen sind, geht es in Ihrer Präsentation darum, Ihre Lösungsansätze und Maßnahmen überzeugend zu kommunizieren.

Herausforderungen aktiv angehen
Ziel ist es, das Vertrauen der Investoren zu gewinnen – indem Sie deutlich machen, dass Sie die Herausforderungen nicht nur erkannt haben, sondern auch aktiv angehen. Dies erreichen Sie durch:

- **Aufzeigen der konkreten Schritte**, die bereits unternommen wurden oder noch folgen werden.
- **Positives Framing**, indem Sie Probleme als Chancen für Verbesserungen darstellen, ohne sie zu verharmlosen.
- **Authentizität und Kompetenz**, indem Sie Ihre Handlungsfähigkeit demonstrieren.

Ziel ist es, auch schwierige Themen so darzustellen, dass die Investoren das Gefühl haben, in guten Händen zu sein. Machen Sie deutlich, dass Sie die Risiken nicht nur kennen, sondern auch Maßnahmen ergriffen haben, um ihnen zu begegnen – und dass Sie auch zukünftige Herausforderungen erfolgreich meistern können.

Auf Englisch präsentieren

Sie sollen auf Englisch präsentieren, aber Ihr Englisch ist nicht perfekt?

Ganz ehrlich: Diesen Abschnitt bräuchte es eigentlich gar nicht, denn das ist überhaupt kein Problem!
Da ich diese Sorge aber immer wieder höre, hier die Gründe, warum das nicht wichtig ist:

- Niemand erwartet von Ihnen ein perfektes Englisch! Viele englische Muttersprachler freuen sich einfach, wenn Sie sich in ihrer Muttersprache verständlich ausdrücken können. Ich habe mehrfach in England gearbeitet. Wie oft ist mir dort der Ausspruch begegnet: „The English are so lazy!" – in der respektvollen Annahme, dass andere Nationen (vermeintlich) eifriger Sprachen lernten als die Engländer.

- Wenn Ihr Englisch nicht perfekt ist, werden Sie wahrscheinlich in kurzen, einfachen Sätzen sprechen. Wie wir später im Abschn. „Klar und verständlich sprechen" sehen werden, ist das gerade kein Nachteil, sondern ein Vorteil.
- Wenn Ihnen ein Wort nicht einfällt: Macht nichts, Kollegen oder ein Vertreter der Investmentbank springen ein und Sie können munter mit Ihrer Präsentation fortfahren. Wollen Sie Fachbegriffe und andere Ausdrücke parat haben? Schreiben Sie sie auf und wiederholen Sie sie kurz vor der Präsentation. Dann ist die Wahrscheinlichkeit sehr hoch, dass sie in Ihrem Kurzzeitgedächtnis abrufbar sind.

Also: Nur Mut, seien Sie Sie selbst und geben Sie einfach Ihr Bestes.

Ihr Transfer in die Praxis

- Bauen Sie Storytelling ein, indem Sie sich überlegen, welche Geschichten, Beispiele oder Anekdoten Ihre Botschaften emotional unterstreichen können.
- Finden Sie das Besondere oder Unerwartete in vermeintlich trockenen Themen und begeistern Sie sich selbst und damit auch Ihre Zuhörerinnen und Zuhörer.
- Finden Sie für schwierige Themen authentische Formulierungen, hinter denen Sie stehen können. So schaffen Sie die Balance zwischen Enthusiasmus und Realismus und können auch solche Themen glaubwürdig vermitteln.

7
Körpersprache als Werkzeug für Souveränität

> **Was Sie aus diesem Kapitel mitnehmen**
> - Wie Sie gezielte Veränderungen in Ihrer Körpersprache erreichen können, um noch präsenter aufzutreten
> - Wie eine aufrechte Haltung im Stehen und Sitzen, ein sicherer Stand und sinnvolle Bewegungen im Raum einen souveränen Eindruck machen
> - Wie Sie Blickkontakt und Mimik am besten einsetzen, um Vertrauen aufzubauen und authentisch zu wirken
> - Welche Gesten und Handhaltungen Ihre Präsentation unterstützen, ohne aufgesetzt zu wirken
> - Wie Sie Ihre Körpersprache in Online-Formaten wirkungsvoll einsetzen, um Nähe und Vertrauen zu schaffen

Wenn Sie an Charisma oder eine gute Ausstrahlung denken, dann fallen Ihnen sicher einige Beispiele ein – aus den Medien, aus Ihrem privaten Umfeld, aus Ihrem Berufsleben.

Auf der anderen Seite kennen Sie sicher auch sehr intelligente oder anderweitig großartige Menschen, bei denen man ihre besonderen Eigenschaften erst wahrnimmt, wenn man sie näher kennt.

Woran liegt das? Was verleiht einigen Menschen Charisma, kraftvolle Ausstrahlung oder natürliche Autorität – und wie kommt es, dass andere trotz nachweislicher Fähigkeiten entweder übersehen oder nicht ernst genommen werden, sich oft rechtfertigen oder erklären müssen oder gar angegriffen und gemobbt werden?

Es ist die Körpersprache – die Haltung, Bewegung, Gestik, Mimik – die uns Präsenz verleiht oder eben nicht.

In diesem Kapitel finden Sie zu den einzelnen Themen der Körpersprache viele Tipps für ein ausdrucksstarkes Auftreten.

Körpersprache verstehen und verändern

Wirken Sie präsent oder überlassen Sie das Rampenlicht anderen?

Wenn Sie Personen mit großer Präsenz beobachten, dann werden Sie höchstwahrscheinlich feststellen: In Haltung und Bewegung zeigen sie eine aufrechte Körperhaltung, ruhige Bewegungen, einen festen Stand und raumgreifende Gesten. Sie haben die Hände frei und vermeiden Selbstberührungen wie das Nesteln an der Kleidung, das Spielen mit den Händen, das Fahren durchs Gesicht, ihre Stimme ist tief und sicher, ihre Atmung ruhig. Sie halten Blickkontakt und haben eine lebendige und offene Mimik.

In den Abschnitten dieses Kapitels werden alle einzelnen Elemente besprochen, die zu Ihrer Präsenz beitragen können.

Konkrete Maßnahmen, um einzelne Elemente zu verändern
Was können Sie tun, um Ihre Präsenz zu verbessern? Es gibt mehrere Möglichkeiten:

1. Ganz einfach: Achten Sie auf Ihren Ausdruck beim Präsentieren, filmen Sie sich beispielsweise mit der Handykamera und entscheiden Sie, was Sie konkret verändern möchten. Damit das auch zum Erfolg führt, nehmen Sie sich aber nur ein oder maximal zwei Veränderungen gleichzeitig vor. Sonst verlieren Sie sich in Gedanken an das „Wie" und kommen ab vom eigentlichen Inhalt.

2. Versetzen Sie sich in eine Person Ihrer Wahl, die Sie als präsent und sicher in ihrem Auftritt wahrnehmen. Das mag Ihnen wie Schauspielerei vorkommen, aber tatsächlich werden Sie für andere immer noch wirken wie Sie selbst – nur eben präsenter als vorher. Auch das können Sie mit der Handykamera ausprobieren.
3. Versetzen Sie sich in eine Situation aus Ihrer Vergangenheit, in der Sie sich selbstsicher und präsent gefühlt haben. Versetzen Sie sich gedanklich ganz tief in diese Situation hinein, bis Sie die Selbstsicherheit wirklich spüren können. Weil unsere innere und äußere Haltung in beide Richtungen korrespondieren, werden Sie automatisch auch eine souveräne Haltung einnehmen (das funktioniert tatsächlich, es ist keine Esoterik ☺).

Den Körper aufrecht halten

Wird schon schief gehen ...

Mit hängenden Schultern, krummem Rücken und gesenktem Kopf: So stellen wir uns eher biblische Tagelöhner als erfolgreiche Führungskräfte vor. Zum Glück habe ich dieses Bild bei Präsentationen auch noch nicht vor Augen gehabt. Aber schon ein Hauch davon schmälert den Eindruck von Souveränität.

Eine gute Körperhaltung ist Ihre stille Visitenkarte. Sie verrät schon vor dem ersten Wort, wie selbstsicher, konzentriert und zugänglich Sie wirken. Doch wie sieht die ideale Präsentationshaltung aus?

Aufrecht, aber entspannt: Die Wirbelsäule sollte gestreckt sein, ohne steif zu wirken. Stellen Sie sich vor, ein unsichtbarer Faden zieht Sie sanft nach oben. So wirken Sie selbstbewusst und sorgen gleichzeitig dafür, dass Ihr Atem frei fließen kann – eine wichtige Grundlage für eine klare Stimme.

Zugewandt statt abweisend: Ihr Publikum soll sich angesprochen fühlen. Stehen Sie sich mit beiden Füßen zum Publikum und zeigen Sie mit Brust und Schultern Interesse.

Der Kopf als Krönung: Halten Sie Ihren Kopf gerade, weder zur Seite geneigt noch zu weit nach vorne gebeugt. Ein neutraler Kopf wirkt wach und aufmerksam, ohne überheblich zu erscheinen.

Mit dieser einfachen Formel – aufrecht, zugewandt, Kopf gerade – wirken Sie souverän und präsent. Ihr Körper spricht, lassen Sie ihn das Richtige sagen!

Sicher stehen

Kein Haus ohne Fundament

Damit ein Haus seinen Bewohnern Sicherheit bieten kann, braucht es ein stabiles Fundament – sonst ist es wie auf Sand gebaut.

Auch vor Ihrem Publikum brauchen Sie Sicherheit, damit Ihre Präsentation zur Geltung kommt.

Ihr Stand ist Ihr Fundament
Probieren Sie einmal verschiedene Standpositionen aus: Standbein/Spielbein, Füße überkreuzen, Füße eng zusammen, Füße weit auseinander. Am meisten Stabilität haben Sie, wenn die Füße etwa schulterbreit parallel stellen. Wenn Sie dabei die Knie nicht ganz durchstrecken, sondern leicht beugen, stehen Sie stabil und gleichzeitig flexibel.

Ein weiterer Vorteil ist, dass diese Haltung dazu führt, dass Ihre Wirbelsäule sich aufrichtet, Sie dadurch größer und präsenter wirken und sich wahrscheinlich sicherer fühlen.

Bewegung erlaubt
Natürlich dürfen Sie sich während Ihrer Präsentation trotzdem im Raum bewegen, um Ihren Vortrag lebendiger zu gestalten. Wenn Sie aber für eine Weile an einer Stelle stehenbleiben, können Sie sich wieder auf die Stabilität Ihres Standes besinnen.

Was Sie bei der Wahl des Standorts beachten sollten, erfahren Sie im nächsten Abschnitt.

Einen Standpunkt einnehmen

Haben wir hier Turnstunde oder was?

Wenn Sie sich fragen, warum sich Ihre Zuhörer bloß so verrenken, dann gibt es möglicherweise eine einfache Antwort: Sie versuchen, an Ihnen vorbei auf die Leinwand zu schauen.

Wenn Sie alle sehen können und sich zentral platzieren, ist das grundsätzlich prima. Schließlich präsentiert nicht die Leinwand, sondern Sie. Wenn Sie aber den Text auf der Leinwand oder dem Flipchart verdecken, werden die Zuhörer immer wieder versuchen, einen Blick darauf zu werfen, und sind dann von der eigentlichen Präsentation abgelenkt. Das wäre schade.

Deshalb: Achten Sie darauf, dass Sie einen Platz für sich finden, von dem aus Sie einen guten Blickkontakt zu allen Zuhörern haben und auch präsent wirken, aber nicht im Weg stehen.

Besonders wichtig: Stellen Sie sich nicht ins Licht des Beamers. Denn dann haben Sie komische Buchstaben und Zeichen im Gesicht, die nicht nur Ihre Zuhörerinnen und Zuhörer ablenken, sondern auch Ihre Ausstrahlung einschränken.

Wenn Sie eine gute Position gefunden haben, nutzen Sie diese als Ankerpunkt, der im folgenden Abschnitt eine Rolle spielt.

Sich im Raum bewegen

Was ist besser: Im Raum umhertigern oder standhaft stehen bleiben?

Sie ahnen es: der Mittelweg. Wenn Sie während der gesamten Präsentation an einem Fleck stehen bleiben, trägt das zu einer ruhigen Ausstrahlung bei. Aber Sie werden sich mit Dynamik und Begeisterung schwertun.

Wenn Sie während der gesamten Präsentation durch den Raum laufen, kommt Ihre eigene Begeisterung bei Ihrem Publikum gut an. Aber Sie wirken unruhig, vielleicht sogar hektisch.

Ideal ist es, wenn Sie an einem Ankerpunkt stehen und sich während der Präsentation immer wieder ein paar Schritte davon entfernen. Damit die Bewegung nicht willkürlich wirkt, sondern Ihren Vortrag unterstützt, gibt es verschiedene Möglichkeiten:

- **Unterstreichen Sie wichtige Aussagen:** Gehen Sie ein, zwei Schritte auf Ihr Publikum zu und verstärken Sie so den Kontakt. Nach Aussage und Wirkpause gehen Sie wieder zurück zum Ankerpunkt.
- **Nutzen Sie unterschiedliche Positionen für unterschiedliche Perspektiven:** Suchen Sie sich für jede Position einen Platz auf der Bühne und unterstreichen Sie visuell, aus welcher Perspektive Sie gerade sprechen.
- **Wechseln Sie zwischen Fakten und emotionalen Bewertungen:** Zwei Positionen sind ein gutes Stilmittel, um zwischen der sachlichen Darstellung von Fakten und einer emotionalen Bewertung oder Metaperspektive zu wechseln.

Sie etablieren diese Positionen einfach, indem Sie sie konsequent einnehmen und wechseln. Das müssen Sie dem Publikum nicht erklären, diese Ebene transportiert sich unterschwellig von selbst.

Sie sehen, es gibt eine ganze Reihe von Möglichkeiten, wie Sie Ihre Bühne nutzen können, um auf der nonverbalen Ebene zusätzliche Informationen zu vermitteln.

Im Sitzen Haltung bewahren

„Ich präsentiere lieber im Sitzen, da kann ich mich gemütlich aufstützen!"

Leider nein! Auch wenn Sie sich entschieden haben, im Sitzen zu präsentieren (oder gerade dann), ist es wichtig, dass Sie engagiert und konzentriert wirken und damit Kompetenz ausstrahlen.

Setzen Sie sich dazu aufrecht hin, ohne sich anzulehnen, und stellen Sie die Füße genauso hüftbreit auf wie bei einer Präsentation im Stehen. Halten Sie etwas Abstand zum Tisch, sodass Sie Bewegungsfreiheit haben, aber nicht so weit, dass Sie Ihre Hände nicht mehr gut auflegen können.

Warum gerade so?
Beide Füße auf dem Boden geben Ihnen Sicherheit und Halt, sodass Sie unverkrampft aufrecht sitzen können.
Die aufrechte Haltung verleiht Ihnen Präsenz. Ganz nebenbei bekommen Sie dann auch keine hässlichen Falten im Jackett auf Höhe der Schlüsselbeine.
Durch die Bewegungsfreiheit und die nur aufgelegten Hände können Sie jederzeit Ihre Gestik einsetzen, um Ihre Aussagen zu unterstützen und Ihre Begeisterung für das Thema zu vermitteln.

Praktischer Tipp zur Gewöhnung
Probieren Sie es gerne einmal aus – wenn Sie sich unwohl fühlen, filmen Sie sich in der gewohnten Haltung und in dieser neuen Haltung. So können Sie die Wirkung vergleichen und entscheiden, wie Sie in Zukunft bei Präsentationen sitzen möchten.

Aufstehen lockert auf
Es lockert das Bild sehr auf, wenn Sie ab und zu aufstehen. Vielleicht können Sie etwas auf der Präsentationsfolie im Detail zeigen. Vielleicht erklären Sie etwas auf dem Flipchart (s. Abschn. „Ein Flipchart oder Smartboard verwenden"). Vielleicht haben Sie auch Anschauungsobjekte, die Sie herumreichen oder die Sie den Investoren auf der anderen Seite des Tischs zeigen.
Was immer Ihnen einfällt: Allein die Bewegung bringt Dynamik in den Raum und zieht die Aufmerksamkeit der Zuhörer auf sich – eine einfache, aber wirkungsvolle Methode, um die Energie im Raum zu erhöhen und Ihre Botschaft lebendig zu halten.

Gestik einsetzen

Fesseln Sie Ihr Publikum, aber nicht sich selbst!

Fast alle Präsentierenden wissen, dass neben der verbalen Ebene auch die nonverbale Ebene einen ganz wesentlichen Einfluss auf die Vermittlung von Informationen hat.

Sich bei einer Präsentation also nur auf den verbalen Ausdruck zu beschränken, ist ungefähr so, als würden Sie sich die Hände auf dem Rücken fesseln lassen. Sie verschenken wertvolle Ausdrucksmöglichkeiten.

Wenn Sie Menschen im Gespräch beobachten, werden Sie feststellen: Es gibt kein Gespräch, bei dem nicht in irgendeiner Form gestikuliert wird. Wenn wir die Hände nicht bewegen dürfen, bewegen wir den Kopf. Wenn wir den nicht bewegen dürfen, hemmt das irgendwann unseren Sprachfluss, sagt Cornelia Müller, Professorin für Angewandte Sprachwissenschaft, die seit 2006 ein Forschungsprojekt zur „Grammatik der Gesten" leitet.

Auch in meinen Trainings sehe ich oft Menschen, die ohne Gesten sprechen, dafür aber mit den Hüften und dem Körper wackeln.

Wie können Sie es besser machen?

Finden Sie Ihre natürliche Gestik
Beobachten Sie sich doch einmal selbst, wie Sie in lockerer Atmosphäre im Gespräch mit Freunden oder Bekannten agieren: Sie werden feststellen, wie viel natürliche und unbewusste Gestik Sie einsetzen. Diese Gestik gehört zu Ihnen, ganz authentisch. Mit diesem Wissen fällt es Ihnen wahrscheinlich leicht, sie auch beim Präsentieren zuzulassen.

Das gilt übrigens sowohl im Stehen als auch im Sitzen. Beobachten Sie mal die Gestik von Talkshow-Moderatoren und Gästen.

Entfesseln Sie also das Spektrum Ihrer Ausdrucksmöglichkeiten – und fesseln Sie Ihr Publikum.

Online-Gestik einsetzen

Bitte nicht die Kamera füttern

In einem digitalen Meeting sind ausladende Gesten oder Bewegungen vor und zurück nicht nur störend, sondern oft auch unangenehm präsent im Bild. Eine Hand, die plötzlich „in die Kamera springt", wirkt aufdringlich und lenkt das Publikum unnötig ab.

Dennoch sollten Sie auch online auf Gestik nicht verzichten. Denn sie ist nicht nur auf der großen Bühne oder im Besprechungsraum entscheidend – sie ist genauso wichtig, wenn Sie online auftreten, insbesondere wenn Sie bei Fireside Chats oder Coffee Table Meetings zum ersten Mal auf die Entscheidungsträger treffen und gleich einen überzeugenden Eindruck hinterlassen wollen.

Drei besondere Regeln für die Online-Gestik
Im digitalen Raum gelten besondere Regeln, die Sie beachten sollten.

Seitwärts statt vor und zurück: Statt die Hände nach vorne zu bewegen, sollten Sie lieber mit Gesten arbeiten, die seitwärts verlaufen. Im Idealfall sind Sie etwa ab dem Bauchnabel zu sehen (vgl. Abschn. „Auf dem Bildschirm gut sichtbar sein" im Kap. 4). Dann fliegen nicht plötzlich Hände von unten ins Bild, sondern Ihre Gestik ist schon ab dem Ansatz sichtbar.

Nicht „aus dem Rahmen fallen": Beachten Sie auch den Bildausschnitt mit den Begrenzungen links und rechts. Sind Ihre Bewegungen zu ausladend, verschwinden die Hände immer wieder aus dem Rahmen. Ihre Gestik sollte also nicht zu groß sein, sondern sich in diesem sichtbaren Bereich abspielen.

So können Sie Ihre Hände leicht heben, um einen Punkt zu betonen, oder mit einer seitlichen Bewegung den Raum optisch strukturieren.

Ruhige Gestik: Schnelle Bewegungen werden im Digitalen verstärkt und können leicht hektisch wirken. Achten Sie daher auf ruhige Bewegungen.

Die Berücksichtigung aller drei Aspekte, erfordert wahrscheinlich etwas Übung, lohnt sich aber für eine gute Gesamtwirkung. Sie unterstreichen Ihre Worte, ohne das Bild zu dominieren.

Die Handhaltung kontrollieren

Eine Frage, die mir immer wieder begegnet: „Wohin mit den Händen?"

Kaum haben sie mit der Präsentation begonnen, stellen viele Präsentierende diese Frage: wohin jetzt mit den Händen?

Es gibt einige Möglichkeiten, die aber eigentlich keine sind:

- Hängen die Arme einfach herunter, fehlt die Körperspannung, es wirkt kraftlos und der Weg zur Gestik ist weit.
- Stecken die Hände in den Hosentaschen, wirkt das zwar cool, aber nicht engagiert. Bei engen Taschen, wie beispielsweise bei Jeans (wenn sie denn überhaupt der Situation angemessen sind), wirkt es manchmal sogar gezwungen.
- Sind die Hände hinter dem Rücken versteckt, wirkt das merkwürdig – wir sind wohl darauf konditioniert, wissen zu wollen, was unser Gegenüber gerade mit den Händen macht – und Gestik wird fast unmöglich.
- Werden die Hände oder die Arme über längere Zeit vor dem Körper verschränkt, kann dies abweisend wirken und Gestik ebenfalls unmöglich machen.

Die richtige Position für die Hände

Also: Wir brauchen eine Position, in der die Hände sichtbar sind, nicht verkrampft wirken, Gestik und ausreichend Körperspannung zulassen. Die beste Position ist, die Hände vor dem Körper auf Höhe der Taille zu halten. Das mag sich am Anfang komisch anfühlen – führt aber meist zu mehr Gestik und hat damit sofort einen positiven Effekt. Mit der Zeit wird es zur Gewohnheit. Auch hier gilt der einfache Tipp: Schauen Sie sich im Fernsehen an, was professionelle Sprecher machen.

Eines habe ich aber auch festgestellt: Geht nicht, gibt's nicht. Das heißt: Auch die genannten Nicht-Optionen sind grundsätzlich für kurze Zeit möglich, ohne dass gleich ein seltsamer Eindruck entsteht – nur nicht zu lange.

Mimik zeigen

Das stille Echo Ihrer Botschaft

Als ich meine Banklehre machte, gab es in der Bank einen Bereichsleiter, der sprach durch die geschlossenen Zähne hindurch (das geht tatsächlich) und zeigte auch sonst keine Regung im Gesicht. Er wirkte ernst und unnahbar, viele waren in seiner Gegenwart etwas eingeschüchtert.

Eine solche ausdruckslose Mimik mag Autorität vermitteln, ist aber wenig hilfreich, um Vertrauen aufzubauen oder eine echte Verbindung herzustellen. Ihre Mimik entscheidet mit darüber, wie Ihre Botschaft ankommt.

Glaubwürdigkeit durch Harmonie
Ein offener Gesichtsausdruck signalisiert Aufmerksamkeit und Interesse. Ihre Mimik kann die emotionale Bedeutung Ihrer Worte unterstreichen und die Zuhörerinnen und Zuhörer auf Ihre Seite ziehen. Ein nachdenkliches Stirnrunzeln, wenn Sie ein Problem ansprechen, oder ein zustimmendes Nicken, wenn Sie antworten, zeigen, dass Sie präsent sind.

Ist die Mimik widersprüchlich – zum Beispiel ein unbewegtes Gesicht bei einer euphorischen Aussage – entstehen Zweifel. Stimmen Gesicht und Worte hingegen überein, wirken Sie authentisch.

Mimik als Einladung
In einer Managementpräsentation wollen Sie die Investoren in einen Dialog einbinden und Ihnen helfen, Vertrauen aufzubauen. Eine aktive, lebendige Mimik wirkt dabei wie ein stiller Türöffner: Sie lädt Ihr Gegenüber ein, Ihnen zuzuhören und sich mit Ihnen auszutauschen.

Die Kunst besteht darin, die Mimik angemessen einzusetzen – weder übertrieben noch unbeteiligt. So wird Ihr Gesicht zum besten Träger Ihrer Botschaft.

Blickkontakt aufnehmen

Ein Bekannter erzählt Ihnen eine spannende Anekdote und schaut dabei die ganze Zeit hinter sich. Oder auf den Boden. Oder in die Luft. Das käme Ihnen sehr seltsam vor, oder?
Das liegt daran, dass wir erwarten, dass unser Gesprächspartner uns anschaut. Blickkontakt ist ein Teil unserer sozialen Interaktion. Er sorgt dafür, dass unser Gegenüber aufmerksam wird und bleibt. Genau aus diesem Grund ist es auch bei Präsentationen so wichtig, das Publikum anzuschauen.

Tatsächlich sitzen wir aber oft in Präsentationen, bei denen die Präsentierenden gemeinsam mit uns auf die Leinwand schauen und der Ton gewissermaßen aus dem „Off" dazu geliefert wird. Oder sie schauen irgendwo in den Raum, ohne uns anzusehen. Das kann ein Grund dafür sein, dass wir dann manchmal mit unseren Gedanken abdriften.

Blickkontakt heißt Kontakt per Blick
Wie geht es besser? Das Wort „Blick-Kontakt" sagt es schon: Schauen Sie Ihrem Gegenüber in die Augen und nehmen Sie Kontakt auf. Das heißt, dass ein Schweifen über die Gesichter der Zuhörer zwar schon besser ist als ein Blick in eine ganz andere Richtung. Noch besser ist es aber, wenn Sie Ihre Zuhörer einzeln für einen kurzen Moment, vielleicht einen halben Satz lang, direkt anschauen. Wenn Sie das bewusst ausprobieren, werden Sie wahrscheinlich feststellen, dass viele Zuhörer Ihnen dann sogar zunicken.

Sie denken sich jetzt gerade, dass Sie aber auch immer wieder einen Blick auf die Präsentationsfolien werfen müssen? Dazu zwei ganz praktische Tipps: Stellen Sie den Präsentationslaptop vor sich auf, dann müssen Sie sich beim Blick auf die Folien nicht von den Zuhörern wegdrehen (vgl. Abschn. „Den Präsentationslaptop platzieren" im Kap. 4). Wenn das nicht möglich ist und auch in Situationen, in denen Sie etwas auf der Leinwand zeigen wollen: Trennen Sie das Schauen und das Zeigen vom Sprechen. Schauen oder zeigen Sie erst, machen Sie dabei eine Sprechpause und schauen Sie dann beim Weitersprechen bewusst wieder die Zuhörer an. So wie es die Nachrichtensprecherinnen und -sprecher in der Zeit vor dem Teleprompter gemacht haben.

Wenn Sie es nicht sowieso schon tun: Probieren Sie es aus – ich wünsche Ihnen viel Spaß beim Beobachten der Reaktionen.

Online Blickkontakt aufnehmen

Und bitte in die Kamera lächeln …

Warum fällt uns das online bloß so viel schwerer als vor dem Fotografen? Einfache Antwort: Weil niemand direkt hinter der Kamera steht. Niemand sitzt da und schaut Sie durchdringend an, um den perfekten Moment für ein Lächeln oder einen ernsten Blick zu erwischen.

Warum ist es trotzdem so wichtig, die Kamera richtig zu „sehen"? Das ist selbsterklärend: Wenn Sie Ihrem Publikum bei einer Online-Präsentation in die Augen schauen wollen – und das wollen Sie bei einer Investorenpräsentation ganz besonders – dann müssen Sie in die Kamera schauen. Das schafft Nähe, Vertrauen und den Eindruck, dass Sie ganz persönlich mit jedem einzelnen Investor sprechen.

Überlisten Sie den Bildschirm (und sich selbst)
Das Geheimnis einer guten, engagierten Präsenz liegt darin, den Bildschirm zu überlisten: Kleben Sie ein Foto einer Person, ein Papiergesicht oder ein lächelndes Emoji direkt hinter Ihre Kamera oder neben die Kameralinse Ihres Laptops. So schauen Sie beim Sprechen immer „jemandem" in die Augen. Am einfachsten geht das, wenn sich die Kamera auf Augenhöhe befindet (vgl. im Abschn. „Auf dem Bildschirm gut sichtbar sein" den Absatz *„Kamera auf Augenhöhe"*).

Trotzdem Feedback einholen
Natürlich möchten wir während einer Präsentation auch die Gesichter unserer Zuhörer sehen. Es ist wichtig, ihre Reaktionen zu beobachten, zu spüren, ob sie zustimmen, mitdenken oder vielleicht doch etwas verwirrt sind. Doch während dies in der persönlichen Kommunikation eine Selbstverständlichkeit ist, kann es in Online-Meetings zu einer Herausforderung werden. Denn je mehr Sie in die Gesichter Ihrer Zuhörer schauen, desto weniger haben diese das Gefühl, dass Sie wirklich mit ihnen sprechen und nicht mit einem Bildschirm. Es ist also ausdrücklich erlaubt und sinnvoll, hin und wieder über die Videogesichter zu schweifen – und dann wieder zurück zu Ihrer Kamera oder dem fröhlichen Bild dahinter.

Fazit: Blickkontakt nicht nur für Fotografen
Auch wenn es verlockend ist, ständig auf die Reaktionen des Publikums zu achten, ist es bei einer Online-Präsentation wichtig, den Blickkontakt zur Kamera zu halten. So bleibt der Fokus auf Ihnen, Ihrer Präsentation und vor allem: auf der Verbindung zu Ihrem Publikum.

Lächeln

„Lächeln verkürzt die Distanz zwischen Menschen! Aber bei einer Präsentation? Ich weiß nicht ..."

Viele durchaus fröhlich und charmant wirkende Teilnehmerinnen und Teilnehmer meiner Trainings wechseln zu einem seriösen, ernsten Gesichtsausdruck, kaum dass sie mit der Präsentation begonnen haben. Ist das gut oder schlecht?

Nun, wie so oft gibt es zwei Seiten. Nicht lächeln sollten Sie, wenn:

- Sie über etwas Negatives sprechen, beispielsweise über einen Ergebnisrückgang oder schwierige Herausforderungen.
- Ihnen gar nicht nach Lächeln zumute ist und Sie es nur aus Verlegenheit täten – denn das merken Ihre Zuhörerinnen und Zuhörer, dann schadet es Ihrer authentischen Wirkung.

Menschen entscheiden oft intuitiv, ob sie jemanden sympathisch finden – und diese Sympathie prägt den Gesamteindruck. Bei einer Managementpräsentation, bei der es um viel mehr geht als die reine Faktenvermittlung, ist die zwischenmenschliche Ebene ein entscheidender Faktor.

Finden Sie die Balance aus Lächeln und Ernsthaftigkeit
Lächeln Sie deshalb situativ: Passen Sie Ihr Lächeln an die Inhalte Ihrer Präsentation an. Beim Einstieg, wenn Sie sich vorstellen, oder bei positiven Nachrichten wie einer erfolgreichen Entwicklung unterstreicht ein Lächeln Ihre Worte. Bei ernsten oder kritischen Themen hingegen zeigt ein zurückgenommener Gesichtsausdruck Ihre Ernsthaftigkeit.

Oder nutzen Sie das Lächeln als Brücke: Gerade bei heiklen Themen kann ein einfühlsames Lächeln das Eis brechen. Wenn Sie beispielsweise auf eine kritische Frage aus dem Publikum antworten, kann ein warmes Lächeln zeigen, dass Sie offen und souverän reagieren, ohne die Ernsthaftigkeit der Frage zu schmälern.

Das echte Lächeln zählt
Ein echtes Lächeln erkennen Ihre Zuhörer an Ihren Augen. Es entsteht, wenn Sie wirklich Freude an Ihrer Botschaft oder am Kontakt mit Ihrem Publikum haben. Künstliche, „aufgesetzte" Mimik wirkt dagegen schnell unangenehm und kann Ihre Glaubwürdigkeit beeinträchtigen.

Und was tun, wenn Sie spüren, dass es Überwindung kostet?
Mit einfachen Übungen lässt sich ein natürliches Lächeln gezielt trainieren.

Üben Sie zunächst regelmäßig vor dem Spiegel. Nehmen Sie sich täglich ein bis zwei Minuten Zeit, um verschiedene Arten des Lächelns auszuprobieren – vom dezenten bis zum breiten Lächeln. So gewöhnen Sie sich daran, wie es aussieht und sich anfühlt. Im nächsten Schritt können Sie Ihr Lächeln in alltägliche Situationen integrieren: Begrüßen Sie zum Beispiel Freunde oder Kollegen bewusst mit einem freundlichen Gesichtsausdruck. Je öfter Sie das tun, desto mehr wird das Lächeln zu einer vertrauten und automatischen Reaktion.

Eine weitere effektive Methode ist das Lächeln mit der Stimme. Lesen Sie dazu einen kurzen Text laut vor und ziehen Sie dabei bewusst die Mundwinkel nach oben. Sie werden feststellen, wie warm und einladend Ihre Stimme dadurch klingt – ein Effekt, den auch Ihr Publikum bei einer Präsentation spüren wird.

Schließlich: Für einen natürlichen Impuls sorgt die Visualisierung von Positivem. Denken Sie vor oder während der Präsentation an eine schöne Erinnerung oder einen lustigen Moment, der Ihnen ein echtes Lächeln entlockt. Noch besser: Finden Sie in Ihrer Präsentation Dinge, die Sie lieben und begeistern, Projekte oder Mitarbeitende, auf die Sie stolz sind. Diese inneren Bilder wirken oft Wunder und machen Ihr Lächeln spontan und glaubwürdig.

Die gute Wirkung auf Ihre Präsentation
Ein freundlicher und authentischer Gesichtsausdruck wirkt sich positiv auf den Gesamteindruck Ihrer Präsentation aus. Denn auch komplexe Inhalte lassen sich besser vermitteln, wenn sich Ihr Publikum wohlfühlt. Ein sympathisches Auftreten kann die Aufmerksamkeit erhöhen und die Bereitschaft fördern, sich mit Ihren Aussagen auseinanderzusetzen.

Vertrauen Sie auf Ihr Lächeln: Wenn Sie sympathisch wirken, glaubt man Ihnen eher und ist bereit, sich auf Ihre Inhalte einzulassen.

Authentisch bleiben

Bei all den Tipps zur Körpersprache: „Ich will doch authentisch bleiben!"

Wenn ich in meinen Trainings das Thema Körpersprache behandle, taucht diese Sorge immer wieder auf. Da in der Kommunikation die nonverbale Komponente einen wichtigen Teil der Botschaft ausmacht, gibt es kaum ein Thema, das selbst erfahrene Rednerinnen und Redner so sehr beschäftigt.

Kein Wunder, denn es gibt auch kaum einen Bereich des Präsentierens, der sich einer gezielten Veränderung so entzieht, weil er so eng mit unseren Gewohnheiten verknüpft ist.

Unser Körper verrät uns
Texte: kann man auswendig lernen. Sprache: kann man trainieren. Aber Körpersprache läuft immer ein wenig unter dem Radar und der eigenen Wahrnehmung, wenn wir gleichzeitig mit dem Sprechen beschäftigt sind. In keinem Bereich sind wir so wenig in der Lage, unser wirkliches Befinden zu verbergen: Der Körper lügt nicht.

Wenn wir versuchen, eine vermeintlich richtige Haltung und Gestik einzunehmen, die uns fremd ist, wirken wir oft steif und roboterhaft. Die Zuhörer merken sofort, dass etwas nicht stimmt. Wenn wir unsere Körpersprache aber einfach ignorieren, senden wir möglicherweise Signale aus, die uns nicht bewusst sind – und die wir auch gar nicht aussenden wollen.

Was also tun?

Wie wäre es mit: gut und authentisch?
Die gute Nachricht: Es gibt auch gut UND authentisch. Jeder Mensch hat eine Verhaltensbandbreite, die ihm zur Verfügung steht. Diese können wir nutzen, ohne aufgesetzt zu wirken. Es geht nicht darum, genau auf diese Weise zu stehen und genau auf jene Weise die Hände zu bewegen.

Aber wenn wir unsere Körpersprache bewusst wahrnehmen und kennenlernen, dann bemerken wir unsere Gewohnheiten und können sie innerhalb unserer verfügbaren Verhaltensbandbreite verändern.

Aus einem eher introvertierten, ruhigen Menschen wird dadurch kein „Tschakka"-Guru und aus einem Menschen, der ständig in Bewegung ist, kein gelassener Ruhepol. Das wäre auch nicht sinnvoll. Aber mit ein wenig Aufmerksamkeit und Übung lassen sich bestimmte Verhaltensweisen anpassen, wodurch eine stärkere Bühnenpräsenz entsteht.

Wenn wir die Vorstellung vom perfekten Redner hinter uns lassen, dann können „gut" und „authentisch" stimmig zusammenkommen.

Experimentieren Sie doch mal – und erweitern Sie Ihr Verhaltensspektrum!

Notizen nur nach Regeln verwenden

Sie möchten, dass Ihre Zuhörer „Notiz" von Ihnen nehmen? Dann bitte richtig!

In meinen Präsentationstrainings taucht immer wieder die Frage auf, ob es schlimm sei, während einer Präsentation Notizen in der Hand zu halten.

Sie ahnen es schon: Die Frage lässt sich nicht einfach mit „Ja" oder „Nein" beantworten. Natürlich ist es großartig, wenn Sie frei sprechen können, dabei sicher auftreten und die Ihnen wichtigen Punkte auch rüberbringen.

Wenn Notizen, dann richtig
Wenn Ihnen aber Notizen mehr Sicherheit geben und Sie sich damit während des Vortrags kurz orientieren können, dann spricht nichts dagegen – unter bestimmten Bedingungen:

1. Verwenden Sie kein einfaches DIN-A4-Papier, sondern stabile Karten in handlichem Format – Papier flattert leicht und erzeugt eine störende Geräuschkulisse.
2. Spielen Sie während Ihrer Präsentation nicht mit den Notizen herum und irritieren damit Ihr Publikum – das wirkt unprofessionell.

3. Widerstehen Sie dem nachvollziehbaren Drang, sich zu sehr an die Notizen zu klammern und sie abzulesen – Ihr Publikum will angeschaut werden, und Sie wollen auch eine Verbindung herstellen und mitbekommen, ob Ihnen noch jemand zuhört.
4. Die Notizen sollen keine Unsicherheit auslösen, sondern Ihnen Sicherheit geben. Beschränken Sie sich auf die wesentlichen Kernpunkte Ihrer Präsentation in strukturierter Form und schreiben Sie diese gut lesbar auf.

Alternativ oder auch ergänzend möchte ich Ihnen die „Notes"-Ansicht von PowerPoint sehr ans Herz legen, in der Sie zu jeder Folie Ihre Stichpunkte eintragen und diese während des Vortrags – mit dem Laptop vor Ihnen – immer wieder nachschlagen können.

Ihr Transfer in die Praxis

- Achten Sie auf eine aufrechte und zugewandte Körperhaltung und nutzen Sie Bewegung im Raum für ausreichend Dynamik.
- Üben Sie den gezielten Einsatz von Blickkontakt sowohl in Präsenzveranstaltungen als auch in Online-Meetings, um Beziehungen zu Ihren Zuhörern aufzubauen.
- Halten Sie Ihre Hände auf Hüfthöhe und nutzen Sie Gesten, um Ihre Aussagen zu unterstreichen. Platzieren Sie Ihre Gesten in Online-Meetings gezielt im Bildrahmen.
- Lächeln Sie, wenn es angebracht ist.

8
Mit Stimme und Sprache fesseln

> **Was Sie aus diesem Kapitel mitnehmen**
> - Wie Sie das Sprechtempo und die Lautstärke variieren, um Spannung zu erzeugen und die Aufmerksamkeit zu lenken
> - Wie Sie Betonung und Akzente gezielt einsetzen, um wichtige Informationen hervorzuheben und das Verständnis zu fördern
> - Wie Sie Füllwörter vermeiden und so Ihre Präsentation klarer und professioneller gestalten können
> - Warum Pausen nicht nur Ruhezeiten sind, sondern Chancen, um die Wirkung Ihrer Präsentation zu verstärken und Ihre Zuhörer zu fesseln

Wer sich mit monotoner Stimme durch einen Vortrag quält, wird schnell merken, dass die Aufmerksamkeit der Zuhörer nachlässt. Doch genau hier liegt auch eine große Chance: Denn die Art und Weise, wie Sie sprechen, hat maßgeblichen Einfluss darauf, ob Sie Ihr Publikum fesseln und Ihre Botschaften überzeugend vermitteln. Gutes Sprechen kann den Unterschied machen – zwischen einer trockenen Darbietung und einer Präsentation, die wirklich im Gedächtnis bleibt.

In diesem Kapitel geht es darum, wie Sie Ihre Stimme gezielt variieren und Pausen setzen können – ein einfaches, aber effektives Mittel, um Ihre Präsentation lebendig und eindrucksvoll zu gestalten. Denn Pausen sind nicht nur Ruhezeiten – sie sind Chancen, um Ihre Aussagen zu verstärken und Ihre Wirkung zu erhöhen.

Die Stimme modulieren

Drama, Baby, Drama!

Eine Managementpräsentation von rund zwei Stunden Dauer ist – bei aller Liebe – natürlich erst einmal eine Zumutung für alle Beteiligten. Kaum jemand kann sich zwei Stunden am Stück voll konzentrieren.

Wenn Sie also Ihre Stimme so einsetzen, dass Sie Ihre Zuhörer nicht zusätzlich einlullen, sondern wach und bei der Sache halten, ist schon viel gewonnen.

Wie das geht? Es gibt drei Stellschrauben für die Stimme, an denen Sie je nach Situation drehen können:

Sprechtempo variieren – Spannung erzeugen
Durch ein bewusstes Spiel mit dem Tempo können Sie die Aufmerksamkeit Ihrer Zuhörerinnen und Zuhörer lenken. Langsame Passagen erzeugen Spannung und lassen wichtige Inhalte besser im Gedächtnis haften. Wenn Sie dann eine schnellere Passage einbauen, erzeugt dies Dynamik und erhöht die Energie der Präsentation. In einer Managementpräsentation hilft langsames Sprechen dabei, den Fokus auf zentrale Aussagen zu setzen, während Sie weniger kritische Informationen schneller vermitteln können.

Lautstärke – Intensität steigern
Ein weiterer Schlüssel zu einer lebendigen und überzeugenden Präsentation ist die Lautstärke. Wenn Sie bestimmte Aussagen lauter und kraftvoller – oder besonders leise – vorbringen, lenken Sie die Aufmerksamkeit Ihrer Zuhörer auf das Gesagte. Überlegen Sie sich vorher, welche zentralen Botschaften Sie verdeutlichen wollen.

Betonung – Akzente setzen
Die Betonung spielt ebenfalls eine wichtige Rolle. Wenn Sie bestimmte Wörter oder Sätze besonders betonen, geben Sie ihnen mehr Gewicht und setzen klare Schwerpunkte. Sie werden klarer, verständlicher, und Ihre Zuhörerinnen und Zuhörer behalten die wichtigsten Informationen besser im Gedächtnis. Als kleine Randnotiz: Am besten nehmen Sie sich einmal auf und hören sich dann Ihre Betonung an. Ich erlebe es nämlich in Trainings immer wieder, dass Menschen meinen, sie hätten sehr stark betont, in Wirklichkeit aber kaum Varianz in ihrer Stimme hatten. Erst wenn sie dann – ihrer Einschätzung nach – völlig übertreiben, kommt plötzlich die gewünschte Betonung beim Zuhörer an.

Sie sehen, alle diese Stilmittel können, bewusst eingesetzt, Ihre Präsentation spannender machen. Dazu müssen Sie vermutlich nur die Komfortzone Ihrer üblichen Sprechgewohnheiten ein wenig hinter sich lassen – und sich bewusst machen, dass es neben der inhaltlichen Ebene Ihres Themas auch eine darstellerische Ebene gibt.

Mit etwas Mut gelingt Ihnen sicher ein starker Auftritt!

Weil mir eine zu gleichförmige Betonung so oft begegnet, gibt es dazu gleich noch einen weiteren Abschnitt.

Auf die Betonung achten

Niemand hat die Absicht, monoton zu sprechen.

Immer wieder begegnen mir Präsentierende, die trotz aller guten Vorsätze langweilig klingen. Meistens liegt es gar nicht an der fehlenden Betonung an sich, sondern an der immer gleichen Betonung, Satz für Satz oder Halbsatz für Halbsatz.

Die Inhalte einer Folie werden der Reihe nach präsentiert, beispielsweise die Vorteile oder Eigenschaften eines bestimmten Produkts – jeder Punkt mit einer kurzen Erklärung. Oder es werden einzelne Themen ausführlich erläutert „… das heißt …, das heißt …, das heißt …" – immer mit der gleichen Satzmelodie. Ich nenne das die „Aufzählungsbetonung".

Akzente setzen – bewusst betonen
Was können Sie tun, um nicht in diese Falle zu tappen? Ich empfehle Folgendes: Suchen Sie sich für jede Folie oder jeden thematischen Absatz ein oder zwei Aussagen heraus, die wirklich wichtig sind. Diese heben Sie beim Vortrag besonders hervor und durchbrechen damit das Betonungsmuster.

Weniger ist mehr – gezielt auswählen
Zuvor aber – und das halte ich für noch wichtiger – sollten Sie sich überlegen, wie viele Informationen Sie überhaupt mitteilen wollen. Drei starke Vorteile sind besser als eine Liste von sieben oder zehn. Ebenso sind die drei wesentlichen Merkmale völlig ausreichend. Alles Weitere verwässert die Aussage, weil sich die Zuhörer ohnehin nicht so viel merken können.

Fülllaute und Füllwörter vermeiden

Ähm, was ich noch sagen wollte …, genau! Also, halt eben, dass es wichtig ist, äh, Fülllaute dementsprechend wegzulassen …

Schreiben würde so niemand. Beim Sprechen gelingt es den meisten von uns allerdings nicht, auf Fülllaute oder Füllwörter zu verzichten.

Das Gute ist aber: Wir müssen auch gar nicht ganz druckreif sprechen! Wir alle sind an Fülllaute und Füllwörter gewöhnt. Deshalb blendet unser Gehirn sie beim Zuhören in der Regel aus, und wir hören darüber hinweg. Wenn wir aber zu viele davon verwenden, werden sie unseren Zuhörern bewusst. Sie beginnen mit einer mentalen Strichliste und achten weniger auf den Inhalt.

Fülllaute haben ihren Zweck – aber nicht in der Präsentation
Tatsächlich haben Fülllaute auch einen Zweck. Wir überbrücken unsere eigenen Denkpausen und signalisieren, dass wir weitersprechen werden – gerade am Telefon eine sinnvolle Methode, die dem Gesprächspartner Orientierung gibt, damit er oder sie uns nicht ins Wort fällt.

Bei einer Präsentation entfällt dieser Vorteil natürlich, weil klar ist, wer gerade spricht. Wenn Sie das Gefühl haben, dass Sie viele Fülllaute benutzen, gibt es ein paar Tipps:

- Ersetzen Sie das „Äh" durch eine Pause – keine Sorge, niemand wird deshalb gleich aufspringen und eine eigene Rede halten.
- Bereiten Sie sich vor – meist schleichen sich unvorbereitet viel mehr Füllwörter ein, weil wir den Vortrag sozusagen „on-the-fly" entwickeln und mehr Denkpausen brauchen.
- Verlangsamen Sie Ihr Sprechtempo – so überholen Sie sich nicht selbst in Ihrer Argumentation, haben immer genug Text im Kopf und brauchen keine „Ladezeiten".
- Vermeiden Sie Bandwurmsätze – Hören ist etwas ganz anderes als Lesen. Tun Sie sich und Ihrem Publikum einen Gefallen, wenn Sie bei kurzen und einfach strukturierten Sätzen bleiben.

Apropos Pausen – lesen Sie doch dazu gleich weiter!

Pausen machen

Machen Sie doch mal Pause!

Haben Sie schon einmal einem Redner zugehört, der an einer wichtigen Stelle plötzlich innehielt, als würde er den Raum in sich aufnehmen? Und haben Sie dabei gespürt, wie die Spannung steigt? Diese Kunst der Pause wird oft unterschätzt – aber sie kann Ihre Präsentation auf ein neues Level heben!

Warum Pausen so mächtig sind
Barack Obama, Tony Blair, Richard von Weizsäcker, um nur einige zu nennen: Haben Sie sich schon einmal gefragt, warum gute Redner oft eine so große Wirkung entfalten?
[...]

Auch wegen der wirkungsvollen Pausen! Sie unterstreichen die wichtigen Aussagen oder erzeugen Spannung. Auch in der klassischen Musik gibt es meist eine Pause vor dem Crescendo, damit es richtig „einschlägt".

Pausen schaffen Ruhe und Raum
Es gibt aber noch weitere gute Gründe für eine Pause in Ihrer Präsentation. Sie selbst können die Pause nutzen und sich auf Ihren roten Faden besinnen. Oder Sie „lesen" das Publikum: Sind alle noch wach? Oder haben Sie Ihre Zuhörerinnen und Zuhörer abgehängt?

Auch Ihre Zuhörerinnen und Zuhörer profitieren von Pausen, zum Beispiel, um sich Inhalte einzuprägen oder eine Zwischenfrage zu stellen.

Also, machen Sie ruhig mal Pause!
[…]

Ihr Transfer in die Praxis

- Identifizieren Sie in einem ersten Schritt die Kernaussagen und die besonders relevanten Fakten in Ihrer Präsentation, von denen Sie möchten, dass sich Ihre Zuhörerinnen und Zuhörer diese merken.
- Variieren Sie nun für diese Ihre Betonung, Ihr Sprechtempo und Ihre Lautstärke. Dadurch heben Sie nicht nur Ihre Kernaussagen hervor, sondern gestalten Ihre Präsentation insgesamt lebendiger und eindrucksvoller und halten die Aufmerksamkeit Ihres Publikums.
- Füllwörter und Fülllaute können Ihre Präsentation schwächen. Setzen Sie stattdessen Pausen ein, auch um die Wirkung Ihrer Kernaussagen zu verstärken.

9

Emotional und unterhaltsam präsentieren

> **Was Sie aus diesem Kapitel mitnehmen**
> - Wie Sie Ihre Präsentation so gestalten, dass Ihre Zuhörer nicht nur verstehen, sondern auch fühlen, was Sie sagen
> - Wie Sie einen Spannungsbogen aufbauen
> - Wie Sie mit einfacher Sprache und ohne Floskeln lebendiger sprechen
> - Wie Sie rhetorische und andere Hilfsmittel einsetzen

Stellen Sie sich vor, Sie halten eine Präsentation und statt auf die Uhr oder das Handy zu schauen, hängen Ihre Zuhörer an Ihren Lippen. Sie spüren, wie die Atmosphäre im Raum lebendig wird, jeder Satz von Ihnen fesselt die Aufmerksamkeit und lässt Ihr Publikum mitfiebern. Klingt wie ein Traum?

Er wird Wirklichkeit – wenn man weiß, wie man einen Spannungsbogen aufbaut und hält. Nämlich indem Sie Emotionen ins Spiel bringen und das Ganze unterhaltsam verpacken. In diesem Kapitel erfahren Sie, wie Sie Ihre Präsentation so gestalten, dass Ihre Zuhörer nicht nur verstehen, sondern auch fühlen, was Sie sagen. Denn die beste Präsentation ist die, die nicht nur informiert, sondern auch inspiriert!

Klar und verständlich sprechen

Schriftsprache spricht sich nicht gut ...

... und manchmal ist sie selbst geschrieben unverständlich.
Vergleichen Sie mal die beiden folgenden Absätze:
Absatz 1: *„Die fortschrittlichen Innovationen, die wir im Rahmen unserer kontinuierlichen Bemühungen zur Optimierung unserer Produktpalette und zum Ausbau unserer Marktposition entwickelt haben, umfassen eine Vielzahl neuer Technologien. Diese werden durch intensive Forschungs- und Entwicklungsprozesse, in Zusammenarbeit mit führenden Industriepartnern sowie auf Basis umfassender Marktanalysen und des Feedbacks von Schlüsselkunden implementiert, um den langfristigen Erfolg und die Wettbewerbsfähigkeit unseres Unternehmens nachhaltig zu sichern und auszubauen."*
Absatz 2: *„Unsere Innovationen konzentrieren sich auf neue Technologien. Damit verbessern wir unsere Produkte und stärken unsere Marktposition. Dazu haben wir intensiv geforscht, Marktanalysen gemacht und das Feedback unserer Top-Kunden ausgewertet. Ziel ist es, langfristig erfolgreich und wettbewerbsfähig zu bleiben."*
Den ersten Absatz müsste ich wahrscheinlich dreimal hören, um ihn zu verstehen. Der zweite dagegen erschließt sich sofort.

Wenn Sie verständlich reden möchten: Sprechen Sie KUV-tauglich!
Nämlich kinder- und vorstandstauglich. Und das bedeutet:

- Keine Schachtelsätze, sondern kurze, einfache Sätze.
- Unbekannte Fachbegriffe weglassen und stattdessen einfache, bekannte Wörter verwenden.
- Weniger unpersönliche Verben verwenden wie: umfassen, bestehen aus, betreffen, darstellen, sich befinden – stattdessen mehr aktive Verben wie: konzentrieren, machen, forschen, auswerten.
- Vermeiden von passiven Formulierungen wie: „es wird gemacht" oder „man macht" – stattdessen aktive Formulierungen.
- Konjunktiv nur dann verwenden, wenn er wirklich nötig ist.

Mein Tipp für die Umsetzung
Stellen Sie sich vor, Sie sprächen zu einem zehnjährigen Kind, dessen Fachwortschatz aber auf dem Niveau Ihres Publikums ist. Sie werden sehen: Ihre Sprache wird verständlicher, Ihre Zuhörer können sich fokussieren und behalten viel mehr. Wenn Sie sich die obigen Beispiele noch einmal vor Augen führen, werden Sie feststellen, dass Sie mit der Ansprache von Kindern den obigen ersten Absatz direkt ad absurdum führen.

Übrigens: Wenn Sie sich vor der Präsentation aufschreiben, was Sie sagen wollen, besteht auch die Gefahr, dass Sie unnatürlich klingen – selbst, wenn es nicht so unsäglich ist, wie das obige Beispiel. Wir alle schreiben anders als wir sprechen. Auch hier ein Tipp: Schicken Sie den Text einmal über eine passende KI mit dem Prompt „Umgangssprache". Oder noch besser: Reduzieren Sie Ihre Notizen auf Stichworte, damit Sie bei der Präsentation zu Ihrer eigenen, natürlichen Sprache finden.

Floskeln weglassen

Was ist denn das hier für ein Theater?

Haben Sie schon einmal ein Buch gelesen, das wie ein Theaterstück abgefasst war? Wo also neben dem Dialog der einzelnen Rollen auch die Regieanweisungen im Text stehen?
(Ophelia stampft mit dem Fuß auf; Hamlet ab)
Als Regieanweisung im Drehbuch ist das für die Schauspieler eine relevante Information. Sie ist aber gerade nicht dazu da, vorgelesen zu werden. Das Publikum soll – wenn die Schauspieler es richtig machen – die Handlung sehen, sie muss nicht weiter erwähnt werden.
Aber schauen wir uns an, was Vortragende häufig tun:

„Ich würde mich einmal kurz vorstellen …" (Stellt sich kurz vor.)

„So, ich gehe jetzt zur nächsten Folie über." (Geht zur nächsten Folie über.)

„Ich stelle jetzt mal eine Frage." (Stellt eine Frage.)

Das ist so ähnlich, als würde Ophelia auf der Bühne sagen: „So, ich stampfe jetzt mit dem Fuß auf!" *(Stampft mit dem Fuß auf.)*

Doppelt gemoppelt hält also nicht immer besser, manchmal ist es einfach überflüssig oder sogar kontraproduktiv.

Sie verstehen, was damit gemeint ist: Sie müssen sich selbst keine Regieanweisungen geben, denn das wirkt unsicher und ermüdet möglicherweise Ihr Publikum. Wenn Sie etwas tun wollen, weil es in Ihrer inneren (!) Regieanweisung steht, dann tun Sie es einfach. Ihr Publikum wird es mitbekommen – vielleicht können Sie es sogar von Fall zu Fall überraschen und so Ihren Vortrag lebendiger gestalten.

Eine spezielle Variante von Floskeln hören wir oft beim Seiten- oder Themenwechsel – siehe den folgenden Abschnitt.

Folienübergänge gestalten

„Und auf der nächsten Folie zeige ich Ihnen …"

Das haben Sie schon oft gehört, und noch kein ein einziges Mal hat es Ihre Neugier auf die nächste Folie geweckt. Stimmt's?

Weil es ist eine Floskel ist. Niemand wird sie vermissen, wenn sie wegfällt. Das heißt, Sie können im Text tatsächlich einfach ohne sie weitermachen, ohne dass die Zuhörer irritiert sind. Im Gegenteil: Sie werden es Ihnen sogar danken, denn jede Floskel macht eine Präsentation langweilig und unnötig lang.

Viel besser können Sie Folien- oder Themenübergängen dazu nutzen, um die Aufmerksamkeit Ihrer Zuhörer zu halten. Dazu machen Sie entweder eine prägnante Aussage oder stellen eine rhetorische Frage. *„In unserem Werk konnten wir die Durchlaufzeiten im letzten Quartal um 20 % senken!"* oder *„Wie hat sich das auf unsere Durchlaufzeiten ausgewirkt?"*

So verwandeln Sie eine schwache Floskel in eine starke Aussage!

Rhetorische Fragen stellen

Warum sind rhetorische Fragen eigentlich so nützlich?

Na – hat Ihr Gehirn nach dem Lesen dieser Überschrift automatisch angefangen, über eine Antwort nachzudenken? Dann wissen Sie jetzt schon, warum rhetorische Fragen in Präsentationen so nützlich sind: Sie regen das Gehirn der Zuhörerinnen und Zuhörer an, sich aktiv mit der Frage und damit Ihrem Thema zu beschäftigen. So halten Sie den Spannungsbogen aufrecht.

Rhetorische Fragen beeinflussen die Sichtweise
Mit rhetorischen Fragen können Sie auch die Sichtweise Ihres Publikums beeinflussen. Ein gutes Beispiel für eine durchaus manipulative Frage ist die im Untertitel dieses Abschnitts – sie setzt den Nutzen voraus und fragt nur nach dem Grund dafür. Bewusst habe ich mich für diese Formulierung und gegen „Sind rhetorische Fragen nützlich?" entschieden, damit Sie als Leser gar nicht erst auf eine falsche Fährte geraten.

„Warum sind wir so erfolgreich?" impliziert die Bewertung „erfolgreich", und nun geht es um die Erklärung, woher der Erfolg kommt.

Rhetorische Fragen in Ihrem Vortrag einsetzen
Rhetorische Fragen können Sie bei Folienübergängen und überall da einsetzen, wo sie das Thema vorantreiben wollen: *„Was bedeutet das jetzt für die Kostenentwicklung?" – „Wie hat sich unser Europa-Geschäft verbessert?" – „Womit wollen wir weiterwachsen?"*

In jedem Fall gilt: Hin und wieder eine rhetorische Frage eingebaut und mit einer entsprechenden Wirkpause vorgetragen, schon wird Ihre Präsentation um Einiges spannender.

Pausen richtig einsetzen
Was aber, wenn Ihnen längere Pausen noch nicht so liegen und irgendwie unangenehm sind? Zählen Sie in den Wirkpausen einfach innerlich: 21 … 22 … 23 … So geben Sie Ihrem Publikum genau die Zeit, die es zum Nachdenken braucht.

Ein Flipchart oder Smartboard verwenden

Warum Sie das gute alte Flipchart nicht wegwerfen sollten

Wenn ich in Unternehmen ein Training gebe, stimmen wir uns vorher über die Raumausstattung ab. Manchmal irritiert meine Frage nach einem Flipchart die Organisatoren, und dann wird aus irgendeinem Konferenzraum noch eines beschafft. Was klar bedeutet, dass das Flipchart nicht häufig benutzt wird.

Auch bei Managementpräsentationen und ähnlichen Veranstaltungen wird oft einfach eine PowerPoint-Folie nach der anderen gezeigt.

Die drei Vorteile von Flipchart und Smartboard
Gerade bei Präsentationen hat der Einsatz eines Flipcharts oder Smartboards aber einen entscheidenden Vorteil: Ihre Zuhörer bleiben (oder werden wieder) wach und folgen Ihnen mit besonderem Interesse. Dafür gibt es drei ganz einfache Gründe:

- Es ist eine Abwechslung zu PowerPoint.
- Sie, der oder die Präsentierende, bewegen sich im Raum.
- Vor den Augen der Zuhörerinnen und Zuhörer entsteht etwas.

Ich habe einmal einen jungen Partner einer Großkanzlei für eine Präsentation vor rund 50 besonders wichtigen Mandanten gecoacht. Er wollte in seiner Präsentation auf einer Folie eine Gesetzesänderung vorstellen und auf der nächsten Folie deren Auswirkung in einem Balkendiagramm verdeutlichen. Wir haben das angepasst, dann hat er nach der Erläuterung der Textfolie mit der Gesetzesänderung das Diagramm auf ein Flipchart gezeichnet. Sein Feedback anschließend: Das kam sehr gut an und er konnte hören, wie ein Zuhörer zu seinem Sitznachbarn sagte: „Wie erfrischend!"

Wie Sie das Flipchart oder Smartboard am besten einsetzen
Um neben der PowerPoint-Präsentation etwas schriftlich festzuhalten, gibt es zwei Situationen, die sich besonders gut eignen: Die Verdeutlichung eines Sachverhalts mittels einer Skizze oder die Hervorhebung von etwas

besonders Wichtigem. Letzteres hat speziell bei Verwendung eines Flipcharts einen weiteren Vorteil: Wenn Sie mit der PowerPoint-Präsentation fortfahren, bleiben die wichtigen Inhalte auf dem Flipchart sichtbar.
Wenn Sie ein Flipchart oder ein Smartboard nutzen möchten, hier ein paar praktische Tipps:

- Quetschen Sie Ihre Inhalte nicht in eine Ecke, sondern nutzen Sie die gesamte Fläche. Das wirkt souverän und ist besser erkennbar.
- Schreiben Sie statt in Schreibschrift lieber in Druckbuchstaben für die bessere Lesbarkeit.
- Mir gefällt es optisch besser, wenn die Linierung des Flipchart-Papiers nicht sichtbar ist, weil sie mich an Schulhefte erinnert. Deshalb drehe ich das Papier einfach um und schreibe auf die rein weiße Seite (die Linien sind dann zur Orientierung trotzdem noch erkennbar).
- Für Kleinbuchstaben reicht in der Regel eine Kästchengröße, Großbuchstaben sollten zwei Kästchen hoch sein. Wenn das Auditorium größer ist, vergrößern Sie auch die Schrift.
- Trennen Sie bei der Präsentation am Flipchart oder Whiteboard Schreiben und Sprechen. Denn das Sprechen zum Flipchart ist ähnlich kommunikativ wie das Sprechen zur Leinwand. Nämlich gar nicht. Reden Sie erst und schreiben Sie anschließend in Ruhe. Dann wissen Ihre Zuhörerinnen und Zuhörer, was Sie tun, und können die Pause zum Ausruhen oder Nachdenken nutzen.

Falls Sie diese Medien bisher nicht genutzt haben: Probieren Sie es einmal aus und seien Sie gespannt auf die Wirkung!

Dinge zeigen

„Darf ich mal anfassen?"

Bei einer Managementpräsentation geht es darum, Ihr Unternehmen erlebbar zu machen. Hier kann ein gut eingesetzter Gegenstand Wunder wirken: Ihr Publikum kann ihn buchstäblich begreifen, er sorgt für Aufmerksamkeit und macht Ihre Präsentation noch einprägsamer. Das kann ein Produkt, ein Prototyp oder ein symbolisches Objekt sein.

Der Grund: Menschen merken sich Dinge besser, die sie nicht nur sehen oder hören, sondern auch anfassen können. Das ist keine Magie, sondern Wissenschaft: Haptische Reize stellen eine stärkere Verbindung zum Gehirn her. Wenn Ihr Publikum einen Gegenstand „begreift", begreift es im Idealfall auch Ihre Botschaft.

Dinge erzählen Geschichten
Ich coachte einmal den Partner einer Patentanwaltskanzlei für seine Rede zum 60-jährigen Kanzlei-Jubiläum. Statt der üblichen Begrüßungsfloskel „Herzlich Willkommen. Schön, dass Sie alle hier sind!" lief er mit einem Radio aus dem Gründungsjahr der Kanzlei auf der Schulter ein. Passend dazu wurde Musik aus dieser Zeit eingespielt: Noch bevor er das erste Wort gesprochen hatte, war es mucksmäuschenstill im Saal und alle waren gespannt. Dann zückte er sein Smartphone und erklärte: „So (Radio) hat man vor 60 Jahren Musik gehört – und so (Smartphone) hört man sie heute. Solche Entwicklungen sind nur durch ein gutes Patentrecht möglich!" Fun Fact: Das Radio hatte die Kanzlei extra aus einem Museum geborgt.

Das Ergebnis? Ein Vortrag, den das Publikum garantiert nicht so schnell vergessen hat – und eine klare Verbindung zwischen dem präsentierten Thema und der Lebenswirklichkeit der Zuhörer. Warum nicht etwas Ähnliches in Ihre Managementpräsentation integrieren?

Auf das richtige Timing kommt es an
Aber Vorsicht: Wenn Sie etwas nicht nur zeigen, sondern auch herumreichen, dann sollten Sie das dramaturgisch sinnvoll einbinden. Fahren Sie nicht oder nur sehr langsam mit Ihrer Präsentation fort, solange Ihre Zuhörerinnen und Zuhörer noch mit dem Objekt beschäftigt sind. Nichts ist ärgerlicher, als wenn Ihre Worte in einem Konzert von „Oh", „Aha" und „Was ist das denn?" untergehen. Ein Tipp: Bei größeren Gruppen halten Sie am besten mehrere Exemplare bereit. Dann ist nicht die halbe Reihe damit beschäftigt, sich wie bei einer Polonaise zu strecken, um das Objekt zu erhaschen.

Ihr Transfer in die Praxis

- Achten Sie darauf, dass Ihre Sprache klar und einfach ist, damit Ihre Zuhörerinnen und Zuhörer Ihre Aussagen schnell und leicht verstehen.
- Vermeiden Sie Floskeln und nutzen Sie stattdessen spannende Folienübergänge, um die Aufmerksamkeit Ihres Publikums zu halten.
- Gestalten Sie Ihre Präsentation abwechslungsreich, indem Sie verschiedene Medien einsetzen und rhetorische Fragen verwenden.
- Beziehen Sie das Publikum aktiv ein, indem Sie Dinge zeigen, die für Ihre Präsentation relevant sind.

10

Unter Druck souverän bleiben

> **Was Sie aus diesem Kapitel mitnehmen**
> - Welche Fragen Sie gar nicht beantworten müssen
> - Wie Sie Situationen meistern, in denen Sie keine Antwort wissen
> - Wie Sie Nervosität und Stress reduzieren können

Stressige Momente, bohrende Fragen, zittrige Hände – klingt nach einem Albtraum für jede Präsentation? Das muss es nicht sein!

In diesem Kapitel geht es um den souveränen Umgang mit schwierigen Fragen, Nervosität und Stress. Sie erfahren, warum niemand auf alles eine perfekte Antwort haben muss, wie Sie kritische Fragen entwaffnen und was Sie tun können, wenn die Nervosität in den roten Bereich abdriftet.

Mit eigener Unwissenheit umgehen

„Was mache ich bloß, wenn mir eine Frage gestellt wird, die ich nicht beantworten kann?"

Wir haben es wahrscheinlich alle schon einmal erlebt: Während einer Präsentation wird eine Frage gestellt und der Präsentierende zögert. Plötzlich wirkt er oder sie auf uns unvorbereitet oder unwissend.

Ausstrahlen, dass Sie die Antwort nicht kennen müssen
Zum Glück lässt sich das einfach vermeiden. Das A und O ist, wie Sie reagieren: Bleiben Sie gelassen. Bewahren Sie eine aufrechte Haltung, seien Sie ruhig und freundlich. Wenn Sie durch Ihren souveränen Umgang mit der Frage ausstrahlen, dass Sie die Antwort nicht hätten kennen müssen, dann werden das Ihre Zuhörer mit großer Sicherheit auch so sehen. Manchmal gibt es sogar Investoren, die bewusst schwierige Fragen stellen – nicht, weil sie die Antwort interessiert, sondern weil sie sehen wollen, wie das Management reagiert.

Nicht alle Fragen sind für Managementpräsentationen relevant
Es gibt übrigens eine ganze Reihe von Fragen, die Sie tatsächlich nicht beantworten müssen: Solche Fragen nämlich, die zu sehr ins Detail gehen. Beispiele sind mannigfaltig:

- Wie genau wurde die Rückstellung für ungewisse Verbindlichkeiten in Q3 berechnet?
- Können Sie die spezifischen Steuersätze auf die einzelnen Länderumsätze aufschlüsseln?
- Warum genau wurde der Wartungsvertrag für die Maschine X im Werk B nicht verlängert?
- Wie viele Stunden haben die Top 10 Mitarbeiter im letzten Abrechnungszeitraum jeweils gearbeitet?
- Warum wurde die Lieferantenrechnung X im Dezember noch nicht bezahlt?

- Wie hoch waren die Personalkosten für Aushilfen in der Abteilung Z im November?
- Warum wurden im Projekt X drei zusätzliche Freelancer eingesetzt, obwohl die Planung nur zwei vorsah?
- Wie viele Backup-Server betreiben Sie aktuell für Standorte in Europa?

Solche Fragen müssen Sie nicht aus dem Effeff beantworten können. Sie werden klassischerweise von der Investmentbank abmoderiert und in die Due Diligence und spezielle Q&A-Sessions verschoben.

Unterschiedliche Möglichkeiten der Reaktion
Wie reagieren Sie aber auf Fragen, die durchaus relevant sind, für die Sie aber trotzdem gerade keine Antwort parat haben? Da haben Sie mehrere Möglichkeiten:

- Klären Sie länger ausformulierte oder unklare Fragen mit einer Rückfrage – um Zeit zu gewinnen und weil Sie dann vielleicht tatsächlich eine Antwort haben.
- Vielleicht kennt sich eine Kollegin oder ein Kollege aus dem Team mit dem Thema besser aus? Dann empfiehlt es sich auf jeden Fall, die Frage weiterzugeben. Auch, um den Eindruck eines gut funktionierenden Teams mit klaren Zuständigkeiten zu untermauern.
- Viele Fragen lassen sich auf später verschieben. Sie müssen nicht jede Frage sofort beantworten. Begründen Sie stattdessen höflich, warum eine Antwort gerade nicht möglich ist – etwa, weil Details fehlen oder die Frage zu weit vom Thema abweicht. Wertschätzende Kommentare wie „Das ist sehr interessant!" schaffen dabei eine positive Atmosphäre. Bei Managementpräsentationen ist es in solchen Fällen üblich, dass die Fragen von den Vertretern der Investmentbank notiert und die Antworten den Investoren später zur Verfügung gestellt werden.

So können Sie den Fragen Ihres Publikums gelassen begegnen.

Fiese Fragen nicht fürchten

Bei Managementpräsentationen muss man mit dem Schlimmsten rechnen!

Was, wenn die Investoren mit ihren bohrenden Fragen die gesamte Argumentationskette untergraben, jeden Fakt mit grausamer Logik zerpflücken und mich als Präsentierenden wie ein dummes Schulkind aussehen lassen?

Soweit die düstersten Befürchtungen. Wenn Sie sich solche Gedanken machen, haben diese ihren Ursprung vermutlich in Prüfungssituationen in Schule, Ausbildung oder Studium.

Tatsächlich kommt es bei Management-Präsentationen so gut wie nie zu „schlimmen Situationen"
Die gute Nachricht: Sie haben nichts mit der Realität zu tun. Sie müssen nicht mit dem Schlimmsten rechnen, aus zwei Gründen:

Erstens haben Sie als Präsentierende oder Präsentierender die Expertenposition für Ihr Unternehmen. Sie haben einen enormen Wissens- und Erfahrungsvorsprung gegenüber den Interessenten. Es wird also kaum einen Sachverhalt geben, den Sie auf Nachfrage nicht erklären oder begründen können, wenn er hinterfragt wird. Wenn Sie keine massiven Organisationsprobleme in Ihrem Unternehmen haben, dann kennen Sie Ihre Prozesse und wissen damit auch, warum sie so implementiert wurden. Wer sollte Ihnen da also Paroli bieten können?

Zweitens ist es eben keine Prüfung. Unterschätzen Sie nicht die psychologische Situation, in der sich die Investoren befinden. Auch sie wollen einen guten Eindruck machen. Schließlich geht es um eine künftige Zusammenarbeit. Da will auch der Interessent nicht direkt im Erstkontakt verbrannte Erde hinterlassen, die die spätere Zusammenarbeit belastet.

Es gibt sogar noch einen dritten Punkt: Der beteiligte M&A-Berater hat bei der Präsentation immer Vertreter dabei. Diese greifen ein, wenn Fragen zum Prozess gestellt werden, zu detailliert werden oder aus anderen Gründen in die falsche Richtung gehen.

Sie können also die alte Prüfungssituation, die Ihnen im Kopf herumspukt, getrost in der Vergangenheit verschwinden lassen und sich darauf einstellen, dass Sie zwar ein interessiertes und auch durchaus kritisches, aber eben auch ein grundsätzlich wohlwollendes Publikum vor sich haben.

Natürlich können solche Fragen – oder die Angst davor – trotzdem nervös machen. Schauen wir uns an, wie Sie mit Nervosität umgehen können.

Nervosität anerkennen

Nervös, weil andere Ihre Nervosität bemerken könnten? Wenn Sie diesen Abschnitt gelesen haben, wird das ein Problem von gestern sein ...

Immer wieder erzählen mir Menschen in meinen Trainings, wie nervös sie sind. Jedes Mal stelle ich dann fest: So stark habe ich es gar nicht gemerkt. Und die anderen Teilnehmer auch nicht.

Dazu gibt es zwei Studien von Kenneth Savitsky und Thomas Gilovich aus dem Jahr 2003. In der ersten Studie zeigen sie, dass sich Menschen nervöser fühlen, als sie von anderen wahrgenommen werden. Die zweite Studie zeigt, dass Menschen, die wissen, dass ihre eigene Nervosität von anderen gar nicht so stark wahrgenommen wird, sich selbst weniger nervös fühlen und die Qualität ihres Vortrags besser einschätzen – und dass diese Einschätzung von den Zuhörern bestätigt wird.

Jetz, wo Sie diesen Zusammenhang kennen, können Sie Ihrer nächsten Präsentation ganz entspannt entgegensehen.

Trotz Nervosität souverän bleiben

Nervosität macht Sie gestresst und weniger schlagfertig? – Geschenkt! Denken Sie mal an die vielen guten Seiten von Nervosität!

Keine Frage, Nervosität würden wir am liebsten ablegen, und ihre Nachteile sind auch hinlänglich bekannt. Aber Nervosität hat auch viele gute Seiten:

- Sie bedeutet eine Wertschätzung für das Gegenüber. Denn wenn uns das Publikum egal wäre, wären wir nicht nervös.
- Sie zeigt, dass uns das Thema wichtig ist, aus demselben Grund.
- Sie belegt unseren eigenen Anspruch an uns.
- Sie lässt uns menschlich und sympathisch wirken.
- Sie sorgt dafür, dass wir uns gut vorbereiten.
- Sie macht uns ein Stück weit leistungsfähiger.
- Sie ist ein klares Signal, dass wir unsere Komfortzone verlassen und damit die Chance haben, uns persönlich weiterzuentwickeln. Denn wer, bitte schön, möchte mit 60 Jahren in seiner Persönlichkeit noch so weit sein wie mit 30?
- Sie gibt uns einen Grund, im Anschluss stolz auf uns zu sein.

Damit will ich Sie nicht überzeugen, dass Nervosität eine tolle Sache ist. Das muss sie auch nicht. Es hilft zu wissen, dass Nervosität einfach dazugehört, dass sie ihre schlechten und guten Seiten hat und insofern gar nicht so schlimm ist. Das allein hilft, mit aufkeimender Nervosität souverän umzugehen.

Was aber tun, wenn die Nervosität trotz allem so groß ist, dass sie in Panik umschlägt? Dazu lesen Sie am besten den folgenden Abschnitt.

Stress und Panik vermeiden

Kennen Sie das große „P"?

Das große (oder kleine) „P" für Panik stellt sich immer dann ein, wenn in einer Situation viel auf dem Spiel steht, wir sie aber nicht genau kennen. Je konkreter wir dagegen das vermeintliche Übel eingrenzen, benennen und einschätzen, desto handhabbarer wird es.

Präsentationen vor Investoren sind für viele Menschen eine Situation, die, wenn vielleicht auch nicht Panik, so doch Stress auslösen kann: unbekanntes Terrain, Unsicherheit über die Fragen und Interessen der Zuhörerinnen und Zuhörer, dazu die Ungewissheit über die eigenen zukünftigen Veränderungen.

Zum Glück gibt es viele Mittel gegen Nervosität

Was also tun? Es gibt eine Reihe von Maßnahmen gegen Nervosität, und die folgende Liste ist sicher nicht vollständig. Sie gibt jedoch einen Überblick über unterschiedliche Ansätze. Picken Sie sich diejenigen heraus, von denen Sie persönlich am meisten profitieren.

Bereiten Sie sich gut vor

- Üben, üben, üben; am besten laut und so realistisch wie möglich. Was glauben Sie, wie lange Politiker mit ihren Sparringspartnern vor Fernsehdebatten im Vorfeld von Wahlen in den Ring steigen, um beim Live-Auftritt eine gute Figur zu machen?
- Antizipieren Sie mögliche Fragen. Je besser Sie sich vorbereiten, desto geringer ist die Wahrscheinlichkeit, dass Sie durch eine unvorhergesehene Frage aus dem Konzept gebracht werden.
- Stellen Sie sich die Worst-Case-Szenarien vor und entwickeln Sie einen Plan B – oder Sie merken, dass es gar nicht so schlimm ist. Angenommen, Sie befürchten, einen Blackout zu haben. Wenn Sie sich dieses Szenario konkret ausmalen, werden Sie wahrscheinlich feststellen, dass es überhaupt nicht schlimm ist. Sie werden kurz innehalten und eine Sprechpause machen, sich wieder fokussieren und dann weitersprechen.
- Lernen Sie Ihren Einstieg auswendig und üben Sie ihn laut. Das ist gleich aus zwei Gründen sinnvoll: Er wird Ihnen überzeugender gelingen, und Ihre Nerven bei der Präsentation werden sich schnell beruhigen, wenn der Beginn schon gut gelaufen ist.

Schalten Sie alle anderen Stressfaktoren aus

- Seien Sie rechtzeitig da.
- Tragen Sie bequeme Kleidung, die Sie nicht ablenkt.
- Prüfen Sie noch, ob alles funktioniert, wofür Sie verantwortlich sein könnten, vielleicht eine Produktpräsentation oder der Link zu einem Video, das gezeigt werden soll.

Entspannen Sie sich
- Dazu gehören klassische Entspannungstechniken wie Atemtechnik oder progressive Muskelentspannung.
- Um Adrenalin abzubauen, können Sie vorher noch einmal um den Block laufen oder während der Präsentation der Kollegen Ihren Gluteus Maximus als größten unauffälligen Muskel anspannen.

Konditionieren Sie sich richtig
- Denken Sie an Erfreuliches, lächeln Sie oder, noch besser, denken Sie an eine berufliche oder auch private Situation aus Ihrer Vergangenheit, in der Sie sich sicher fühlten und entspannt waren, und versetzen Sie sich in Ihr früheres Ich (vgl. Abschn. „Körpersprache verstehen und verändern"). Damit nutzen Sie die Wechselwirkung zwischen innerer und äußerer Haltung.
- Alternativ orientieren Sie sich an Spitzensportlern. Diese konditionieren sich auf Erfolg, indem sie sich vorstellen, wie sie am höchsten springen oder als Erste die Ziellinie überqueren.
- Sagen Sie sich in Gedanken einen beruhigenden Satz im Sinne von „Im Rahmen der mir zur Verfügung stehenden Zeit habe ich mich bestmöglich vorbereitet". Einen solchen Satz können Sie sich vorher in einer entspannten Situation zurechtlegen, dann haben Sie ihn sofort parat, wenn Sie merken, dass Sie nervös werden. Wichtig ist, dass Sie den Satz so formulieren, dass Sie wirklich zu 100 % dahinterstehen können.

Deuten Sie die Situation um
- Sehen Sie die Präsentation als lang ersehnte Gelegenheit, zu zeigen was Sie alles können und geleistet haben.

Rücken Sie Ihren eigenen Anspruch gerade
- Natürlich könnten Sie versuchen, 110 % Leistung zu bringen, und es soll bitte alles aus allen Probeläufen jetzt am besten klappen. Das erzeugt zusätzlichen Stress. Sagen Sie sich stattdessen: Das ist eine stressige Situation, natürlich wird nicht alles ganz perfekt laufen, 90 % sind gut. Wenn es am Ende doch 110 % werden: umso besser.

Lassen Sie sich helfen
- Schließlich: Feedback und Unterstützung von Profis in diesem Umfeld helfen Ihnen! Unterschätzen Sie nicht den Gewinn an innerer Sicherheit durch jemanden an Ihrer Seite, für den solche Investorenpräsentationen kein einmaliges Ereignis sind, sondern zum Tagesgeschäft gehören. Hinterher steht zwar immer noch viel auf dem Spiel, aber die Situation ist für Sie viel besser kalkulierbar.

Ihr Transfer in die Praxis

- Unterscheiden Sie zwischen Fragen, die Sie nicht beantworten müssen, weil sie für die Managementpräsentation zu detailliert oder unangemessen sind, und solchen, denen Sie sich tatsächlich stellen müssen.
- Sie bestimmen durch Ihr Verhalten, ob der Eindruck entsteht, Sie hätten eine Antwort wissen müssen. Verschieben Sie Antworten, die Sie nicht sofort geben können, auf einen späteren Zeitpunkt.
- Nutzen Sie einige der vielen Möglichkeiten, Ihre Nervosität in Schach zu halten.

11

Der Auftritt im Team und Q&A

Was Sie aus diesem Kapitel mitnehmen
- Wie Sie sich als funktionierendes Team präsentieren
- Wie Sie im Team mit Fragen umgehen
- Wie Sie unangenehmen Fragen begegnen

In Managementpräsentationen geht es auch darum, wie das Team zusammenarbeitet und wie es sich in verschiedenen Situationen präsentiert. Vom ersten Eindruck über das Verhalten während der Präsentation bis hin zur Q&A-Runde zählt jedes Detail. Ein starkes Team zeigt sich in der Harmonie auf der Bühne und in der Art und Weise, wie es auf Fragen reagiert und sich gegenseitig unterstützt.

Doch wie reagieren Sie als Team auf die unvorhergesehenen Herausforderungen bei der Präsentation? Und wie stellen Sie sicher, dass die Q&A-Runde nicht zu einer unangenehmen Prüfung, sondern zu einer Chance wird? In diesem Kapitel betrachten wir beide Seiten: Die Wirkung des Teams als Einheit und die Kunst, die Bühne souverän zu betreten – und dabei die richtige Antwort parat zu haben.

Als Team auftreten

„Wir stehen vor allem deshalb so gut da, weil ich meine tolle Idee erfolgreich umgesetzt habe!"

Investorinnen und Investoren kaufen nicht nur das Unternehmen – sie kaufen auch das Team, das es führt. Wie präsentiert es sich? Strahlt es Zusammenhalt aus, oder wirkt es wie eine Zweckgemeinschaft aus Einzelkämpfern, die sich gerade erst kennengelernt hat? Die Wirkung nach außen hängt von kleinen, aber entscheidenden Signalen ab.

Ein gemeinsamer Kompass
Ein erfolgreiches Team hat mehr als nur Titel und Rollen – es teilt eine einheitliche, kohärente Sicht auf das Geschäftsmodell und die Erfolgsfaktoren. Die Botschaften müssen aus einem Guss sein, unabhängig davon, wer spricht. Wenn der CFO über die finanziellen Hebel spricht und die Kollegin später etwas völlig anderes betont, entsteht der Eindruck von Chaos und nicht von Strategie. Das heißt: Klären Sie vorher, was die Kernbotschaften sind – und stimmen Sie diese im Team so ab, dass sie ein harmonisches Gesamtbild ergeben.

Was tun, während andere reden?
Ein oft unterschätzter Punkt ist das Verhalten des Teams während der Präsentation. Wenn der Kollege gelangweilt auf die Uhr schaut oder – schlimmer noch – mit den Augen rollt, während Sie reden, ist die Botschaft klar: Hier stimmt etwas nicht. Unterstützen Sie sich stattdessen gegenseitig. Ein interessiertes Nicken oder ein kurzer, zustimmender Blick zeigen, dass Sie als Team an einem Strang ziehen. Nutzen Sie die Zeit auch gerne, um mit einem kurzen Blickkontakt zu den Zuschauern deren Aufmerksamkeit einzuschätzen und gezielt Beziehung aufzubauen.

Freundschaft oder Förmlichkeit?
Wie das Team miteinander umgeht, sagt mehr aus als jede Folie. Gehen die Teammitglieder freundlich und respektvoll miteinander um? Oder ist die Atmosphäre eher distanziert?

Beim Coaching für eine Managementpräsentation sprachen sich zwei Herren zunächst mit „Sie" an, wechselten aber nach kurzer Diskussion zum „Du". Das war kein Muss, aber für die beiden passte es, weil sie sich ohnehin gut verstanden und der gute Zusammenhalt nun auch bei den Investoren deutlich spürbarer war. Ob Sie sich allerdings Duzen oder Siezen – da gibt es kein Richtig oder Falsch – sowohl eine Sie-Kultur als auch ein kollegiales Du können überzeugen, solange es authentisch wirkt.

Gemeinsam stark
Ein gutes Team zeigt, dass Erfolge nicht auf Einzelkämpfer, sondern auf Zusammenarbeit zurückzuführen sind. Spricht das Management grundsätzlich von „Wir" oder vom „Ich"? Geht aus Geschichten und Anekdoten hervor, dass Entscheidungen gemeinsam getroffen und Herausforderungen im Team gemeistert werden? Sind die Teammitglieder stolz aufeinander? Sätze wie

- *„Das war ein entscheidender Beitrag von Herrn Müller, der uns alle weitergebracht hat."*
- *„Frau Meier hatte hier eine geniale Idee, die uns den entscheidenden Durchbruch gebracht hat."*
- *„Das ist ein Projekt, auf das wir alle stolz sind – die Expertise von Herrn Schmidt war dabei ein echter Schlüssel."*
- *„Dieses Ergebnis wäre ohne die Details, die meine Kollegin eingebracht hat, so nicht möglich gewesen."*

zeigen Wertschätzung und stärken den Gesamteindruck.

Storytelling für das Wir-Gefühl
Gemeinsame Erlebnisse sind der Stoff, aus dem starke Teams gemacht sind – und gleichzeitig Gold für die Managementpräsentation. Gibt es Geschichten, die zeigen, wie das Team schwierige Situationen bewältigt hat oder warum bestimmte Entscheidungen getroffen wurden? Diese Anekdoten machen die Zusammenarbeit greifbar und bleiben in Erinnerung. Zum Beispiel so: *„Vor einem Dreivierteljahr hatte ein Kunde Interesse an einer Lösung, die wir so nicht im Portfolio hatten. Wir haben das im Team besprochen und als große Chance gesehen. Deshalb haben wir gemein-*

sam viele Ressourcen drangesetzt und es innerhalb von drei Monaten geschafft, diese Lösung zu entwickeln, zu testen und auf den Markt zu bringen. Das war nur möglich, weil alle Abteilungen – von der Entwicklung über den Vertrieb bis hin zur Produktion – eng zusammengearbeitet haben. Das hat uns wieder einmal deutlich gezeigt, wie effizient und erfolgreich wir als Team zusammenarbeiten können."

Zusammengefasst: Ein starkes Team tritt geschlossen, harmonisch und authentisch auf. Stimmen die Botschaften, das Verhalten und die Geschichten überein, entsteht der Eindruck einer Einheit, die ein Unternehmen nicht nur erfolgreich geführt hat, sondern es auch gut in die Zukunft bringen wird.

Im Q&A bestehen

„Fragen, die die Welt (nicht) braucht"

Wenn die Managementpräsentation vorbei ist, heißt es: Durchatmen? Fehlanzeige! Jetzt kommt der spannende Moment, in dem der Raum plötzlich wieder lebendig wird: Die Q&A-Runde. Hier trennt sich die Spreu vom Weizen – oder besser gesagt, das vorbereitete Managementteam von dem, das ins kalte Wasser springt. Hier gilt: Die Bühne gehört Ihnen, und es schadet nicht, vorher ein paar Tricks und Kniffe im Gepäck zu haben.

Team, Taktik, Themen
Die erste goldene Regel für eine gelungene Q&A-Session lautet: Rollen klären! Legen Sie als Team vor der Präsentation fest, wer welche Themen übernimmt. Klar, der CFO übernimmt die Finanzen und die Head of Operations die Produktionsdetails. Aber was passiert, wenn die CEO zu einer Frage genötigt wird, die eigentlich eine Domäne des CFOs ist? Genau hier kommt die Teamstrategie ins Spiel: Üben Sie vorab, wie Sie Fragen elegant weiterreichen, ohne dass es nach „Keine Ahnung" aussieht. Ein charmantes *„Dazu kann Ihnen meine Kollegin am besten Auskunft geben."* wirkt Wunder.

Ergänzen statt verbessern
Und was, wenn der Kollege oder die Kollegin mal eine – nun ja – leicht kreative Antwort gibt? Widerspruch ist tabu! Eine offene Diskussion vor den Investorinnen und Investoren wirkt wie ein Riss im Fundament. Stattdessen: Ergänzen. Selbst wenn der Kollege oder die Kollegin aus Ihrer Sicht gerade die Kuh aufs Eis führt, bleibt das Gesicht des Teams gewahrt, wenn Sie mit einem „Ich möchte noch hinzufügen" geschickt gegensteuern.

Die schwierigen Fragen
Jedes Team hat sie: Die Fragen, die man am liebsten gar nicht hören will. Der Schlüssel ist, sich diese unangenehmen Szenarien bewusst zu machen. Was könnten Investorinnen und Investoren fragen, das Ihnen den Schweiß auf die Stirn treibt? Überlegen Sie sich Antworten, die ehrlich, aber nicht selbstsabotierend sind. Hier hilft die Übung: Rollenspiele mit den kniffligsten Fragen stärken die Nerven und geben Ihnen Sicherheit.
Beispiele:
„Ihr Umsatz im letzten Quartal ist deutlich zurückgegangen. Woran liegt das?" – *„Das ist richtig. Der Rückgang hängt mit einer Lieferverzögerung eines unserer Hauptzulieferers zusammen, die inzwischen im Wesentlichen behoben ist. Wir haben auch Maßnahmen ergriffen, um unsere Lieferkette robuster zu machen, damit solche Probleme in Zukunft nicht mehr auftreten."*
„Wir haben gesehen, dass Ihre Mitarbeiterfluktuation in den letzten zwei Jahren gestiegen ist. Ist das ein Problem?" – *„Die erhöhte Fluktuation ist auf Veränderungen in unserer Unternehmenskultur zurückzuführen, die wir aktiv angegangen sind. Mittlerweile haben wir ein neues Feedbacksystem eingeführt, das die Mitarbeiterzufriedenheit erhöht, und unsere Fluktuationsrate nähert sich wieder dem Branchendurchschnitt."*
„Warum hat Ihr Markteintritt in Skandinavien bisher keine positiven Ergebnisse geliefert?" – *„Der Markteintritt war herausfordernder als erwartet, vor allem wegen regulatorischer Hürden. Wir haben jedoch die Lernkurve genutzt, um unsere Prozesse anzupassen, und sehen jetzt erste Fortschritte. Wir erwarten, dass sich diese Investition in den kommenden Quartalen auszahlen wird."*
Diese Beispiele geben ehrliche Antworten, die Probleme ansprechen, aber gleichzeitig eine positive Perspektive und Lösungskompetenz vermitteln.

Ihre Highlights am besten ohne Monolog

Es gibt aber auch das andere Extrem: Fragen, bei denen Sie glänzen können, weil sie genau in Ihrem Fachgebiet liegen. Perfekt! Aber Vorsicht: Hier besteht die Gefahr, ins Plaudern zu geraten. Testen Sie in der Vorbereitung, ob Sie Ihre Lieblingsantworten knackig auf den Punkt bringen können. Investorinnen und Investoren wollen keine Vorlesung, sondern Klarheit.

Der schmale Grat zwischen Lockerheit und Loyalität

Fragen zum Verkaufsprozess haben bei den Managementterminen nichts zu suchen – tauchen aber dennoch hin und wieder einmal auf, zum Beispiel außerhalb der offiziellen Präsentation am Rande bei einer Betriebsbesichtigung: „Ganz schön stressig, oder? Haben Sie viele solcher Präsentationen?" Solche Smalltalk-Fallen charmant zu entschärfen, gehört zur Königsdisziplin. Der perfekte Ausweg? Freundlich lächeln und die Frage mit einem entspannten „Da ist die Investmentbank der beste Ansprechpartner" elegant aus der Welt schaffen.

Die Q&A-Runde als Chance

Eine Q&A-Runde ist kein Kreuzverhör, sondern eine Chance, Ihr Team als souverän, vorbereitet und geschlossen zu präsentieren. Mit einer klaren Rollenverteilung, taktischem Geschick und einem guten Gespür für die Situation hinterlassen Sie nicht nur Antworten, sondern auch Eindruck.

Ihr Transfer in die Praxis

- Unterstützen Sie die anderen Teammitglieder bei ihrer Präsentation.
- Bauen Sie Beispiele guter Zusammenarbeit in Ihre Präsentation ein.
- Klären Sie Ihre Rollen im Team, soweit dies noch nicht geschehen ist. Vereinbaren Sie, wer für welche Themen zuständig ist.
- Widersprechen Sie einander im Team nicht.

The manufacturer's authorised representative in the EU is Springer Nature Customer Service Centre GmbH, Europaplatz 3, 69115 Heidelberg, Germany. If you have any concerns regarding our products, please contact ProductSafety@springernature.com

Printed and bound by CPI Group (UK) Ltd, Croydon, CR0 4YY

23/03/2026

02076396-0010